Bertolt Brecht und der Sozialistische Realismus

Eine Untersuchung der Differenzen zwischen dem Theater des jungen Brecht, der Lehrstücktheorie und der nicht-aristotelischen Ästhetik, sowie deren Beziehung zu Theorie und Praxis des Sozialistischen Realismus

(c) Karin Kramer Verlag Berlin
Braunschweiger Str. 22 – Postfach 106
1000 Berlin-Neukölln (44)
1. Auflage 1981
Satz: Sempf, Frankfurt
Gesamtherstellung: Offsetdruckerei Dieter Dressler, Berlin

6

ISBN 3-87957-137-0

D 82 (Diss. TH Aachen)

Dirk Backes

Die erste Kunst
ist die Beobachtungskunst

Bertolt Brecht und der
Sozialistische Realismus

Karin Kramer Verlag
Berlin

Die vorliegende Arbeit wurde 1981 unter dem Titel „*Bertolt Brecht und der Sozialistische Realismus – Eine Untersuchung der Differenzen zwischen dem Theater des jungen Brecht, der Lehrstücktheorie und der nicht-aristotelischen Ästhetik, sowie deren Beziehung zu Theorie und Praxis des Sozialistischen Realismus*" von der Philosophischen Fakultät der Rheinisch-Westfälischen Technischen Hochschule Aachen angenommen.

CIP-Kurztitelaufnahme der Deutschen Bibliothek:

Backes, Dirk:
Die erste Kunst ist die Beobachtungskunst:
Bertolt Brecht und der sozialistische Realismus /
Dirk Backes. – Berlin: Kramer, 1981. ISBN 3-87956-137-0.

meinem Lehrer Otto Coenen (1907 – 1971)

Bild- und Zitatenhinweise:

Titelseite, Bertolt Brecht, von Ernst Mack, Aachen
2. Umschlagseite und 1. Buchseite aus: Ernst und Renate Schumacher, Leben Brechts in Wort und Bild, Henschelverlag Berlin (DDR) 1979
Seite 145 und 4. Umschlagseite, ebenda.

Die Bilder auf den Seiten 28, 29, 99, 101, 103, 104, 108 und 111 stellte uns freundlicherweise das Institut für Theater-, Film- und Fernsehwissenschaft, Universität Köln, zur Verfügung.

Die Zitate auf Seite 8 sind aus:
Bert Brecht, Neue Technik der Schauspielkunst 2, Wa Bd. 16, S. 710
Frank Böckelmann: Vorübungen für die Schrift: „Lieferungen für eine Revolutionsmaschine".
In: Das Schillern der Revolte, Berlin 1978, S. 49.

Der Autor wurde am 22.2.1948 in Mönchengladbach geboren. Er studierte Rechtswissenschaften, Germanistik und Sozialwissenschaften in Berlin, Saarbrücken und Aachen, wo er seit 1972 lebt.

Inhalt Seite

Es gilt, zwei Künste zu entwickeln: die Schauspielkunst und die Zuschaukunst. (Bertolt Brecht)

Die Dialektik hat so viele Abenteuer erlebt, daß ihr Hören und Sehen vergangen ist. (Frank Böckelmann)

Einleitung

Die wichtigsten Gedanken, die in der vorliegenden Schrift entwickelt werden, entstanden vor 3 Jahren während der Vorbereitungen auf das Staatsexamen. Der nach wie vor trostlosen Brecht-Diskussion einerseits sowie verschiedenen Denk-Anstößen neuerer philosophischer Strömungen und den durch diese ausgelösten Diskussionen andererseits ist es zu danken, daß sie hier ausgearbeitet, ergänzt und in neuer Form vorgelegt werden können.

Es geht um Bertolt Brecht und den „Sozialistischen Realismus". Es sei allerdings vorab klargestellt, daß keine Rekonstruktion des „wahren" Brecht beabsichtigt war – bei dem umfangreichen Werk dieses überaus widersprüchlichen Autors kann es die gar nicht geben.

Es sollte vielmehr die Spur des Stückeschreibers und Theaterregisseurs Brecht auf dem von ihm selbst gewählten Feld verfolgt werden. Es kam mir darauf an, Brecht auf Brecht anzuwenden, vor allem auch Differenzen aufzuzeigen und nicht so sehr Übereinstimmungen zu bestätigen.

Dem entspricht die Form der Darstellung: Es handelt sich weitgehend um eine Montage, d.h., es wird in den einzelnen Kapiteln der Versuch unternommen, das Feld des Stückeschreibers in jeweils einer anderen Richtung zu durchqueren. Daher bewahren die Kapitel untereinander eine relative Selbständigkeit.

Diese Einleitung würde vermutlich sehr umfangreich, sollten alle die genannt werden, die in der einen oder anderen Weise zu der vorliegenden Arbeit beigetragen haben; zwei zeitgenössische Autoren steuerten allerdings mehr Material bei als andere: neben Paul Feyerabend, dessen Untersuchungen zur Geschichte der Naturwissenschaften die Galilei-Interpretation beeinflußten, ist Michel Foucault zu erwähnen, dessen „Blick von außen" auf die Wissenschaften in mancher Hinsicht so etwas wie eine aktuelle literarisch-philosophische Bestätigung der von Brecht im Exil entwickelten Methoden und Anschauungen zu sein scheint – mit dem Unterschied freilich, daß Brecht eben auch Dramatiker war, was mehr umfaßt als „nur" literarische Arbeit.

Nun ist eine solche Betrachtungsweise nicht schon deshalb „neu", weil sie aus Frankreich oder Amerika kommt. Allerdings wird sie dort von

Philosophen und Wissenschaftlern wieder aufgegriffen und führte auch schon zu interessanten Ergebnissen — sie lassen uns erahnen, wie unfruchtbar demgegenüber eine, zumal mit dogmatischem Anspruch auftretende Fixierung auf „den wahren Brecht" ist — eine Fixierung, die immer nur eine Beschränkung sein kann. Heute sollte es vorrangig darum gehen, den zum Klassiker und damit ungefährlich gemachten Brecht wieder auf seinen subversiven Gebrauchswert hin zu befragen.

Der Vorwurf, man beliefere damit u.U. die falschen Leute bzw. habe Beifall aus einer falschen Richtung zu gewärtigen, ist uralt und tritt immer dann auf, wenn radikales Denken und Handeln festgefügte Standpunkte und (Partei-)Plattformen in Frage stellt. Darüber hinaus korrumpiert die Angst vor dem Beifall von der „falschen" Seite das Denken mindestens ebenso wie das Schielen nach Beifall von der „richtigen" Seite. Deshalb habe ich mich um Klarstellung der mir im Zusammenhang des Themas wichtig erscheinenden Punkte bemüht. Das entbindet den Leser aber nicht von der eigenen Anstrengung, die er angesichts des Textes aufzubringen hat.

I. Von der Kulturrevolution zum „Sozialistischen Realismus"
Kunst in der Revolution

Brechts literarischer Beginn fällt in eine Zeit völligen Umbruchs: Das 19. Jahrhundert reichte als Epoche in mancher Hinsicht über seine chronologischen Begrenzungen hinaus und fand seinen Abschluß in einem Krieg vorher ungekannten Ausmaßes. Zwar hatte sich die zerstörerische Vernichtungskraft der technisch verbesserten und in industrieller Großserie hergestellten neuen Waffen bereits vorher, zum Beispiel im Amerikanischen Bürgerkrieg 1861 - 1865 oder auch im Deutsch-Französischen Krieg 1870 gezeigt, aber eine über Jahre hinweg in Gang gehaltene „Kriegs-Maschine", die zum Selbstzweck geworden war und die sogar im Rahmen der überlieferten militärisch-strategischen Vorstellungen jeden Sinn verloren hatte, war bis dahin unvorstellbar.

Sicher erwies sich der I. Weltkrieg in quantitativ-statistischer Hinsicht im Nachhinein erst als die „Unreinschrift des Grauens" [1] , in qualitativer Hinsicht jedoch hatte er nahezu sämtliche Möglichkeiten industrieller Massenvernichtung, wie sie dann während des II. Weltkriegs (wiederum technisch verbessert) angewendet wurden, bereits Tatsache werden lassen. Dies mag ein wesentlicher Grund dafür sein, daß der I. Weltkrieg für viele Menschen erschütternder war als der folgende – konnte man sich doch 1939 prinzipiell die Auswirkungen eines neuen Weltkriegs durchaus vorstellen.

Otto Dix: Der Krieg (1919). Düsseldorf, Kunstmuseum

Was den Krieg anging, hatte Brecht mehr Glück als viele Gleichaltrige: Zwar wurde er noch im Oktober 1918 zum Militär einberufen, aber er kam nicht mehr an die Front, so daß er im November in Augsburg sogar in den Arbeiter- und Soldatenrat gewählt werden konnte.[2]

11

Wenngleich also die Schrecken des industrialisierten Krieges vor 1914 schwer vorstellbar waren, so hatte doch die Gewißheit vom Ende einer Epoche und von den bevorstehenden Umwälzungen bereits vorher einen zwar noch schwachen, aber deutlichen Ausdruck gefunden.

„So stößt man in den Jahren zwischen 1910 und 1914, die von den unkritischen Bewunderern des Expressionismus immer wieder als die Phase der großen unpolitischen Lyrik gefeiert wird, auch auf unzweideutig ,politische' Bekenntnisse zu einem Aktivismus, der sich an Heinrich Manns berühmtem Essay ,Geist und Tat' von 1910 anzuschließen versuchte. Besonders die von Franz Pfemfert im gleichen Jahr gegründete ,Aktion', die sich als ,Organ eines ehrlichen Radikalismus' verstand, ist von Anfang an nicht ohne politische Ober- und Untertöne. Hier publizierten vor allem Aktivisten wie Ludwig Rubiner, Karl Otten, Kurt Hiller, Carl Einstein, Alfred Wolfenstein, Rudolf Leonhard und Gustav Landauer." [3]

Dieser um 1910 noch sehr vereinzelte und darum schwache Protest einiger weniger, das kommende Unheil ahnender und dadurch sensibilisierter Künstler und Intellektueller gewann jedoch, gewissermaßen „aufgeladen" mit der Verelendung und dem Schrecken des Krieges, eine gewaltige Radikalität und Breitenwirkung:

„Alle sind sie aus ihren Arbeitsstuben aufgescheucht worden, alle zweifeln sie an den Werten von gestern und heute. Nur die Jungen wollen Klarheit. Reif zur Vernichtung scheint ihnen diese Welt, sie suchen den Weg aus den schrecklichen Wirren der Zeit, die Tat des Herzens, das Chaos zu bannen, sie glauben an den unbedingten, unbestechlichen Geist, der seiner Verpflichtung lebt und der Wahrheit." [4]

Der künstlerische Ausdruck der Revolte gegen die gesellschaftlichen und kulturellen Verhältnisse der ersten 20 Jahre unseres Jahrhunderts wird bisweilen als „Expressionismus" bezeichnet. Sofern dieser Begriff irgendeine Einheitlichkeit — sei es des Inhalts, sei es der Form — im Sinne einer traditionellen „Stilrichtung" suggeriert, ist er sicher höchst fragwürdig; sofern er jedoch abstrakt die Negativität zu den bestehenden gesellschaftlichen Verhältnissen mit ihren herrschenden künstlerischen Traditionen bezeichnet, mag er sinnvoll sein.

„Betrachten wir daher im folgenden den Expressionismus einmal so, wie er sich selbst verstand: als ,Revolution', als Aufbruch, Erhebung oder Wandlung, worin der Wille zu einer grundsätzlichen Umwälzung

der bestehenden Verhältnisse zum Ausdruck kommt. Denn was auch immer die einzelnen Expressionisten unterscheidet, der Hang zum Extremen, Aufrührerischen oder Weltumstürzenden ist wohl allen gemeinsam. (...) Der Expressionismus ist kein Produkt, sondern Agens der folgenden Umwälzungen. Denn bei genauerem Zusehen liegt ihm eine wesentlich tiefergehende Ablehnung gegen alles Überlieferte und Traditionsbewußte zugrunde als lediglich ein gefühlsmäßig übersteigerter Affekt gegen den ersten Weltkrieg. Auf eine Formel gebracht, kommt in ihm ein Protest gegen die Gesamtheit jener wilhelminisch-militaristischen und bürgerlich-kapitalistischen Lebens- und Wirtschaftsformen zum Durchbruch, wie sie bereits seit der Reichsgründung von 1871 bestanden und die im Ersten Weltkrieg lediglich ihre äußerste Zuspitzung erfuhren." [5]

Ludwig Meidner: Titelblatt (1919)

In diesem rein negativen Sinne des Begriffs wäre der junge Brecht, der ja in seiner literarischen Produktion und vor allem in seiner Theaterarbeit von Anfang an sowohl inhaltlich wie formal zu den „Neuerern" zu zählen ist, dem Expressionismus zuzurechnen; im Unterschied zu vielen anderen sogenannten Expressionisten fehlte ihm jedoch zumindest in jungen Jahren jener Glaube an eine Wendung zum Besseren und wohl auch jede Hoffnung auf humanere Zustände. [6] Deshalb verfiel Brecht von Anfang an nie dem „Oh-Mensch-Pathos", und „auch im Zustand der Trunkenheit johannes-r.-becherte er nie." [7] Wo er das Zeitgeschehen verarbeitete, tat er es vorwiegend unter grotesken oder unter tragikomischen Aspekten. An den theoretischen Diskussionen der ersten Nachkriegsjahre nahm er nur sporadisch teil, und er verzichtete auch anfangs darauf, seine bewußt provokative Theaterpraxis durch eine

13

zusammenhängende Theorie zu begründen oder gar zu rechtfertigen. Erst im Zuge seines um 1925 erwachenden Interesses an politischer Theorie und Ökonomie begann er, zusammenhängende Überlegungen zur Kunst anzustellen. In der 1937/38 geführten sog. „Expressionismus-debatte" [8] , der die Dogmatisierung der Theorie vom „Sozialistischen Realismus" von Seiten der Komintern vorausging, nahm er öffentlich Stellung, wenn sich freilich auch die interessanteren Äußerungen Brechts in privaten, erst nach seinem Tod veröffentlichten Aufzeichnungen finden.

Infolge seiner illusionslosen Einschätzung des Zeitgeschehens blieb Brecht vom sozialen Ausdruck der Revolte, von den konkreten Klassenkämpfen, isoliert. In den auf den November 1918 folgenden Aktionen – die Kämpfe des Frühjahrs 1919, die Räterepublik in München, der Kapp-Putsch 1920, die „Märzaktion" von 1921 [9] , schließlich der Sommer 1923 [10] – nahm Brecht die Rolle eines mehr oder weniger interessierten Zuschauers ein, der sich zunehmend langweilte und des-

Gepanzerter Lastkraftwagen der Putschtruppen mit dem Hakenkreuz.

halb seinen Blick nach Amerika richtete. [11] So ist die etwas schulmeisterliche Feststellung Frederic Ewens, Brechts Verständnis der Vorgänge sei zu jener Zeit „milde ausgedrückt, mangelhaft" [12] gewesen, sicher nicht ganz falsch — viele Biographen Brechts kommen zu ähnlichen Feststellungen.

Wenn dagegen andere, durch den Weltkrieg zutiefst erschütterte Menschen mit der Nachricht einer Revolution in Rußland eine neue Zeit anbrechen sahen, die neue Hoffnungen zu wecken in der Lage war, so mag das weniger verwunderlich erscheinen, zumal die Bolschewiki zunächst, allen voran Lenin, die russische Oktoberrevolution lediglich als Vorspiel der großen sozialistischen Weltrevolution interpretierten.[13]

Die alte bürgerliche Welt schien mit dieser Nachricht in jeder Hinsicht unterzugehen, und die Gründung der III. Internationale 1919, die hervorging aus den oppositionellen, gegen den Krieg arbeitenden Teilen der alten Sozialdemokratie, der „Zimmerwalder Linken", schien als Koordinationsinstrument für den „letzten Ansturm" auf die morschen Reste der verhaßten alten Gesellschaft die Gewähr für den „Sieg des Neuen" zu bieten.

Allerdings tauchte — so einig alle revolutionären Kräfte in der Ablehnung von Krieg und Unterdrückung auch waren — gerade bei der inhaltlichen Ausfüllung des „Neuen" der alte Gegensatz innerhalb der europäischen revolutionären Arbeiterbewegung sofort wieder auf. Dieser Gegensatz läßt sich festmachen in den Begriffen „autoritärer Sozialismus" und „Linksradikalismus".[14] Historisch präsent waren diese Gegensätze in der Ersten Internationale mit der autoritär-zentralistischen Fraktion um Marx sowie der antiautoritär-föderalistischen Bewegung um Bakunin; sie führten 1872 auf dem Haager Kongreß zum Ausschluß der Bakunisten.[15]

Innerhalb der III. Internationale zeigte sich der gleiche Gegensatz zwischen der bolschewistischen Fraktion um Lenin und später Stalin einerseits, sowie den an Rätemodellen orientierten Gruppen um Rosa Luxemburg, Otto Rühle, Hermann Gorter, Anton Pannekoek, Franz Pfemfert, den anarchistischen Gruppen um Erich Mühsam und den Anarcho-Syndikalisten um Fritz Kater, Augustin Souchy und später Rudolf Rocker andererseits.[16] Dieser bis heute von der Geschichtsschreibung sowohl „bürgerlicher" wie „parteikommunistischer" Provenienz (bei beiden Formen handelt es sich um die Geschichte der jeweiligen Sieger) kaum beachtete Gegensatz[17] fand seine praktische Lösung in der Ausschaltung der Linkskommunisten in Deutschland, Rußland und endlich Spanien.[18] Nur vor diesem „Hintergrund" lassen sich die folgenden „Realismusdiskussionen" in ihrer praktisch-politischen Bedeutung einschätzen.

Worum es sich bei den Auseinandersetzungen zwischen den oben grob umrissenen Gruppen auch im konkreten Fall jeweils gehandelt haben mag, sehr schnell tendierten die Positionen in Richtung auf zwei extreme Pole: Die einen wollten anknüpfen an das „gute Alte", an die „an sich" gute, leider von den „falschen" Leuten (den Kapitalisten, Faschisten, Imperialisten etc.) „mißbrauchte" Tradition – die anderen wollten den konsequenten Bruch mit *bestimmten* Traditionen sowie die Zerstörung der Institutionen der alten Gesellschaft als Voraussetzung für das zu errichtende Neue. Innerhalb der III. Internationale vertrat die Idee der „Sozialisierung des Fortschritts" in ihrer extremen Form Lenin[19], während die in der Tradition Bakunins stehende Vorstellung der Zerstörung als Voraussetzug der sozialen Revolution[20] in verschiedenen Modifikationen von den Linksradikalen vertreten wurde.[21]

Brecht liest aus der „Hauspostille" (1926)

Die konkrete Diskussion darüber, was denn nun vom „bürgerlichen Kulturerbe" zu halten sei, fand bald nach dem Weltkrieg einen Höhepunkt in der sogenannten „Kunstlump-Kontroverse". [22] John Heartfield und George Grosz hatten den „Gegner" Kokoschka stellvertretend für „die Gesinnung des gesamten Bürgertums" als „Kunstlump" beschimpft [23] , da dieser dem Überleben von Kunstwerken mehr Bedeutung beimesse als dem Überleben der Arbeiter, die zum Kampf gezwungen seien. Franz Pfemfert druckte diesen Artikel mit einem Nachwort in der „Aktion", die nach dem Weltkrieg bedeutendes Organ der Linksradikalen um die KAPD wurde, ab. [24] Franz W. Seiwert, Maler aus der rheinischen „Gruppe progressiver Künstler" [25] und Mitarbeiter der „Aktion", forderte „im Namen der kommenden proletarischen Kultur" die Beseitigung der „ganzen bürgerlichen Kultur".[26] Gertrud Alexander verwahrte sich in der „Roten Fahne" gegen solchen „Vandalismus", da die Kunst „die Klassenkämpfe widerspiegele" und deshalb alle Kunst für das Proletariat von Nutzen sei.[27] Damit waren, gewissermaßen in nuce, die Positionen abgesteckt: Beseitigung der bürgerlichen Kultur als Teil der bürgerlichen Gesellschaft und Entwicklung einer neuen Kultur *aus* dem kämpfenden Proletariat gegen Konservierung von „Widerspiegelungen" *für* das Proletariat und Anknüpfung an die „Blütezeit" der bürgerlichen Gesellschaft.

E. Lissitzky, Ausschnitt aus dem Faltblatt des Kataloges der UdSSR zur Pressa, Köln 1928

Wurde diese Debatte im Eifer der Kämpfe während und nach dem Kapp-Putsch geführt, so konnten sich die Standpunkte in den folgenden Jahren etwas abklären. Gertrud Alexander, die als Mehring-Schülerin wie dieser „die Geschichte der bürgerlichen Gesellschaft in eine ‚revolutionäre' Aufstiegs- und eine ‚reaktionäre' Niedergangsphase unterteilte"[28] und infolgedessen speziell Expressionisten und Dadaisten, aber auch das Berliner „Proletarische Theater" als „dekadent" beschimpfte, empfahl die Literatur der Blütezeit des Bürgertums als Anknüpfungspunkt.[29]

Solcherart Phaseneinteilung, der ja der Glaube an einen „Fortschritt der Geschichte" in ökonomischer und kultureller Hinsicht entspricht

17

und der es darum nur noch darauf ankommt, den geschichtsmetaphysischen „Umschlagpunkt" zu bestimmen, stand der Kreis um Pfemferts „Aktion" ablehnend gegenüber. So sah Max Hermann-Neiße keine Phasen, sondern vielmehr eine „herrschende Geschichte" als Geschichte der Herrschenden bzw. der jeweiligen Sieger sowie eine Geschichte der Unterlegenen auch in der Literaturgeschichte vorhanden. Künftige sozialistische Schriftsteller hätten, wenn überhaupt, nicht anzuknüpfen an die Apologeten, sondern die „offiziell totgeschwiegenen" oder abgewerteten Schriftsteller wie Villon, Rabelais, Swift, Büchner, Sternheim, Jung, Kanehl, Sinclair, Grosz etc.[30]; Franz Jung fügte Namen wie Jack London, H.G. Wells und Patrick Macgill hinzu. Jung erschienen die „Veristen" (russische Volksschriftsteller des 19. Jahrhunderts) als „Vorläufer proletarischer Erzählkunst", da bei ihnen der „Gemeinschaftsrhythmus der Unterdrückten, der Armen, der Entrechteten, der Bösen und Widerspenstigen im Sinne eines Staatswesens der bürgerlichen Ordnung"[31] Ausdruck fände. Seiwert wollte anknüpfen an die aus dem Kollektivbewußtsein geschaffene Volks- bzw. Gebrauchskunst der vorkapitalistischen Geschichte, wie er sie in Deutschland in der kollektiven Symbol- und Zeichenkunst bis zum Ende des 15. Jahrhunderts erblickt.[32] Pfemfert und Raoul Hausmann empfahlen Swift, Rabelais, Voltaire, Tolstoj und Zola.[33] Hier ist die Forderung Benjamins, „die Geschichte gegen den Strich zu bürsten"[34], in entschieden radikalerer Form ebenso vorweggenommen wie die späteren Fragen Brechts nach der Geschichte derer, die die „großen Kulturgüter" erschaffen haben.[35] Interessant ist, daß Brecht zur selben Zeit *praktisch* auf ähnliche Traditionen zurückgriff wie die linksradikalen Expressionisten, auf „jene Traditionen, die eine bestimmte Kulturideologie verschüttet oder aus ihrem Bewußtsein verdrängt hat"[36], so z.B. auf Arthur Rimbaud und Francois Villon, auf Ballade und Bänkelsang, auf Kabarett, Parodie und Satire, um sie „gegen bestimmte Kulturideologien seiner Zeit zu wenden".[37] Indem Tradition auch für Brecht frühzeitig „Gegen-Tradition", d.h. nach ihrer *Funktion* hier und jetzt zu bewerten ist, gerät er nicht in den Widerspruch der offiziellen Position der späteren „Realismus-Diskussion", wonach ein Kunstwerk sowohl „Waffe im Kampf gegen den Faschismus" als auch gleichzeitig „objektive Widerspiegelung" zu sein hat.

In Gertrud Alexander zeigte sich bereits in den ersten Nachkriegsjahren das ganze Elend der Widerspiegelungstheorie: So ist der Feststellung von Walter Fähnders und Martin Rector durchaus zuzustimmen, daß sie als einflußreiche Mitarbeiterin der „Roten Fahne" durch ihre offene Ablehnung von Expressionismus und Dadaismus als „Widerspiegelung bürgerlicher Dekadenz" sowie durch ihre Ablehnung des Berliner „Proletarischen Theaters" und der frühen Prosa Franz Jungs die Bedeutung aller progressiven literarischen Entwicklungen gründlich verkannte. Dies ist kein persönliches Problem — alle Argumente Alexanders tauchen in mehr oder weniger modifizierter Form in den späteren Erbe-Diskussionen wieder auf — sondern das Problem mechanischer Ableitung eines sogenannten „Überbaus" (zu dem dann Kunst und Literatur geschlagen werden) aus der Entwicklung eines „Unterbaus", die „fortschrittlich" aufgefaßt wird.

Der „Klärungsprozeß um ein Realismusverständnis" hat demnach ebenso wie die „Erbe-Diskussion" keineswegs erst im 1928 gegründeten „Bund Proletarisch-Revolutionärer Schriftsteller" Ende der 20er Jahre begonnen, wie eine von Parteikommunisten erfolgreich verbreitete und bis heute geglaubte Mär suggerieren will;[39] bei den späteren Diskussionen im BPRS handelt es sich eher um die Ausschaltung aller oppositionellen Bewegungen auch in Kunst und Literatur; die Debatte während des I. Allunionskongresses der Sowjetschriftsteller 1934 in Moskau sowie die parteikommunistischen Feldzüge gegen die „Dekadenz westlicher Kunst", insbesondere den Expressionismus, kann in seiner Bedeutung nur begriffen werden im Zusammenhang mit der Liquidierung aller auf Autonomie bestehenden Kräfte, die, wie Brecht, nicht ans gute Alte, sondern ans schlechte Neue anknüpfen wollten.

„Proletkult" und „Sozialistischer Realismus"

Die Zeit zwischen dem Oktoberaufstand und der Einführung der „Neuen Ökonomischen Politik" im Jahre 1921 wird auch die „heroische Periode" genannt. Die siegreiche Revolution schien in Rußland nicht nur den Zaren, sondern mit ihm die gesamte alte Gesellschaftsstruktur beseitigt und damit den Weg für die sofortige Erprobung neuer Lebens- und Arbeitsformen bereitet zu haben.

Schon 1909 hatten Bogdanov, Lunatscharskij und Gorkij auf Capri eine Parteischule gegründet, die einer von Parteianweisungen unabhängigen Kultur- bzw. Literaturentwicklung Vorrang vor politischen Tagesforderungen einräumen wollte.[40] Die aus dieser Schule hervorgegangenen Organisationen für proletarische Kultur — die Proletkulte (russisch: Proletkult, Abkürzung für proletarskaja kultura = proletarische Kultur)[41] — wollten nicht nur von Parteien unabhängig sein, sie wollten auch auf die Mitarbeit bürgerlicher Intellektueller weitgehend verzichten, da eine neue Kultur ihrer Meinung nach nur aus dem Proletariat selbst entstehen könne.[42] Die Proletkulte sollten lediglich Werkstätten, Studios, Laboratorien etc. zur Verfügung stellen, in denen Arbeiter in kollektiver Arbeitsweise und ohne parteiamtlich festgesetzte Trennung in Lehrer und Lernende die Elemente einer neuen Kultur erarbeiten sollten. Ende 1920 umfaßten die gesamten Proletkulte ungefähr 1/2 Million Mitglieder und erreichten so fast die Mitgliederzahl der bolschewistischen Partei.[43]

Diese Organisationen sollten mit ihren Ansätzen zur Überwindung der Trennung von Hand- und Kopfarbeit, von Meister und Schüler mit dem Versuch der Vereinigung von Kunst, Wissenschaft und Technik sowie deren Rücknahme in die Gesellschaft der Produzierenden[44] eine beträchtliche Wirkung vor allem auch im Ausland erzielen; in Rußland selbst allerdings zog die Proletkultbewegung sehr bald die Feindschaft der Partei auf sich und wurde 1923 verboten.

Auch im Ausland war die Resonanz auf die russischen Experimente nicht ungeteilt; die Aufsätze des Proletkultleiters Bogdanov und des Volkskommissars für Bildungswesen Lunatscharski erschienen im Aktions-Verlag[45] und lösten in Deutschland heftige Diskussionen aus, war doch die Beschäftigung mit der neuen „sozialistischen Kultur" bzw. dem „Erbe" auch dort höchst aktuell.

Lunatscharskijs Teilung des kulturrevolutionären Prozesses in eine scharf abgegrenzte, klassenkämpferische, „proletarische Kultur", in der der revolutionäre Inhalt noch nicht die ihm entsprechende Form gefunden habe, sowie eine „sozialistische Kultur", die sich durch einen „gesunden organischen Prozeß" aus der ersteren entwickele und ihrem Typus nach eine „klassische Kultur" sein werde, blieb nicht ohne Widerspruch. Bereits im Dezember 1920 wurde Lunatscharski in der Aktion angegriffen, ihm sitze die „Ehrfurcht vor der bürgerlichen Kultur" zu sehr im Nacken und daraus resultiere die Hoffnung, man könne die bürgerliche Kultur „gesund und organisch" in eine sozialistische umwandeln. Zwischen bürgerlicher und proletarischer bzw. sozialistischer Kultur könne es *keine* Verbindungen geben, also auch keine „Höher-Entwicklung" etwa zu einem „proletarischen" Schiller oder Goethe. Zwischen beiden Kulturen sei vielmehr das Chaos, das nicht nur in Kauf genommen, sondern gewollt herbeigeführt werden müsse; ein Chaos, bei dem die bürgerliche Welt nicht in Trümmer, wohl aber in ihre Bestandteile zerfallen müsse, aus denen erst etwas Neues aufgebaut werden könne; alles andere sei sozialdemokratische Ideologie.[46]

Betraf obiger Vorwurf Form/Inhalt-Fragen bezüglich Kunst und Literatur, so war der Angriff Hermann Gorters im Jahr 1920 inhaltlicher Art und mußte die bolschewistische Partei tiefer treffen: Gorter bestritt der russischen Revolution durchgängig proletarischen Charakter mit dem einfachen Argument, daß bei einer Gesamtbevölkerung von 160 Millionen Einwohnern 7 bis 8 Millionen vorhandene Proletarier, deren aktive Organisationen zwar verbissen und siegreich gekämpft, aber gerade dadurch auch fast ihre gesamte Kraft verbraucht hätten, schlechterdings keine „proletarische Kultur" aufbauen könnten.[47] Wenn die neuen Machthaber von „proletarischer Revolution" und gar „proletarischer Kultur" redeten, so müßten sie zunächst deren Grundlage — ein Proletariat nämlich — schaffen, vorausgesetzt natürlich, man wolle in Rußland den Weg westlicher Industrienationen gehen.

Da die Bolschewisten von Anfang an — getreu ihrer marxistisch-sozialdemokratischen Herkunft — diesen Weg zu gehen entschlossen waren, bestand ihre Aufgabe in der Proletarisierung Rußlands.

Dieser Aufgabe widmeten die neuen „Manager" ihre ganze Aufmerksamkeit. Von Marx glaubten sie nicht nur zu wissen, daß die Geschichte vom Feudalismus über die bürgerliche Gesellschaft zum Sozialismus „gesetzmäßig fortschreitet" und daß die Voraussetzung für den Kommunismus die moderne Industrie sei, Marx hatte am Beispiel Englands auch gezeigt, *wie* man diese Voraussetzungen schafft: auf dem Wege der „ursprünglichen Akkumulation". Was Peter der Große intuitiv begonnen hatte, wurde nun wissenschaftlich weitergeführt: die Verwestlichung Rußlands. Aber dieses Ziel war eben nicht zu erreichen ohne die dazu notwendigen Mittel, die in Westeuropa entwickelt und erprobt worden waren: die Ausplünderung und die Zwangsarbeit. *„Die ‚Große Gefangenschaft' des XVII. Jahrhunderts sollte die Massen erziehen und jeden einzelnen zwingen, alles von sich fernzuhalten, was eine Einsperrung zur Folge haben könnte. (Leidenschaft, Unordnung, Freigeist und Elend, ‚Wahnsinn', Zerstreutheit). Eine ganze Bevölkerung wird der Form des vernünftigen, egoistischen, bourgeoisen Individuums angepaßt. Die russische Internierung gehorcht einer vergleichbaren Pädagogik."*[48]

Die Stationen sind bekannt. Die Ausbreitung eines lückenlosen polizeilichen Überwachungssystems, Zwangsenteignung der Bauern, Umsiedlung ganzer Bevölkerungen, systematischer Terror, Verwandlung des ganzen Landes in ein riesiges Arbeitslager. Die Geschichte der UdSSR ist nicht die Geschichte irgendeiner „halbasiatischen Produktionsweise" oder eines „asiatischen Despotismus": „*Nicht der asiatische Despotismus erfand das ‚Hospital General', die Guillotine und die einsparende Rationalisierung durch Zwangsarbeit, sondern unser Abendland. Jetzt aber zögert es, seine eigene Geschichte im russischen*

Arbeitslager bei Moskau. Über dem Tor die Parole: „Die Arbeit in der UdSSR ist eine Sache der Ehre und des Ruhmes, eine Sache der Tapferkeit und des Heldentums."

Spiegel wiederzuerkennen. Unvoreingenommene Besucher der 20er Jahre sahen in den Bolschewisten die Erben eines alten Europa, seines Platonizismus (Lenin bezog sich offen auf Rathenau und Taylor)."[49]

22

Auch in anderer Hinsicht gedachten die Bolschewiki den Westen zu „beerben". So formulierte Lenin 1919, die Partei müsse von „der gesamten Kultur, die der Kapitalismus hinterlassen habe, Besitz ergreifen."[50] Dazu gehörte für ihn die gesamte Wissenschaft, Technik und Kultur — freilich mit einer einzigen Einschränkung: Man wollte nur das „erben", was „wertvoll"[51] war. Die Bewertung konnte logischerweise nur die „Vorhut des Proletariats" vornehmen; damit war der uneingeschränkte Herrschaftsanspruch der Partei auf *allen* Gebieten festgeschrieben. Es galt nun, zu einer von außen übernommenen Geschichtsperspektive sich die nötigen Mittel zu verschaffen. Lenin konnte auf dieser Grundlage seine Vorstellung von Sozialismus auf die Formel bringen: Sozialismus = Sowjetmacht + Elektrifizierung.[52]

Von solchen Vorstellungen war Brecht gegen Ende der 20er Jahre bereits weit entfernt, wie ein von ihm in Februar 1929 im „Simplicissimus" veröffentlichtes Gedicht belegen mag[53]:

„700 Intellektuelle beten einen Öltank an
Ohne Einladung
sind wir gekommen
Siebenhundert (und viele sind noch unterwegs)
Überall her,
Wo kein Wind mehr weht,
Von den Mühlen, die langsam mahlen, und
Von den Öfen, hinter denen es heißt,
Daß kein Hund mehr vorkommt.

Und haben Dich gesehen
Plötzlich über Nacht,
Öltank

Gestern warst Du noch nicht da,
Aber heute
Bist nur Du mehr.

Eilet herbei, alle,
Die ihr absägt den Ast, auf dem ihr sitzet,
Werktätige!

Gott ist wiedergekommen
In Gestalt eines Öltanks.

Du Häßlicher,
Du bist der Schönste!

Tue uns Gewalt an,
Du Sachlicher!

Lösche aus unser Ich!
Mache uns kollektiv!
Denn nicht wie wir wollen,
Sondern wie Du willst.

Du bist nicht gemacht aus Elfenbein und Ebenholz,
sondern aus
Eisen.
Herrlich, herrlich, herrlich!
Du Unscheinbarer!

Du bist kein Unsichtbarer,
Nicht unendlich bist Du!
Sondern sieben Meter hoch.
In Dir ist kein Geheimnis,
Sondern Öl.

Und Du verfährst mit uns
Nicht nach Gutdünken, noch unerforschlich,
Sondern nach Berechnung.

Was ist für Dich ein Gras?
Du sitzest darauf.
Wo ehedem ein Gras war,
Da sitzest jetzt Du, Öltank!
Und vor Dir ist ein Gefühl
Nichts.

Darum erhöre uns
Und erlöse uns von dem Übel des Geistes.
Im Namen der Elektrifizierung,
Der Ratio und der Statistik!" [54]

Die Tendenz zur Gleichsetzung westlich-kapitalistischer Technologie mit Fortschritt schlechthin war auch im Proletkult vorhanden, wie man etwa in F.J.Kalinins Rezension zu Gastevs „Poesie des Stoßarbeiters" nachlesen kann, wo der Triumph der Maschine (gleichgültig, wo sie hergestellt wurde) gleichgesetzt wird mit dem Triumph des Proletariats.[55]

Noch 1919 schrieb Gastev in einem Artikel „Über die Tendenzen der proletarischen Kultur":*„Die Erscheinungen dieses mechanisierten Kollektivismus sind jeder Personalität derart fremd, sind derart anonym, daß die Bewegungen dieser Kollektivkomplexe sich der Bewegung von Dingen annähert, in denen es schon keine menschliche Individualität*

Konzert der Fabriksirenen und Dampfpfeifen

Der Orchesterdirigent steht auf dem Dach eines der höchsten Häuser und leitet die Aufführung durch Flaggensignale.

25

mehr gibt, sondern nur gleichförmige normierte Schritte, Gesichter ohne Ausdruck und ohne Seele, die keine Lyrik, keine Emotion mehr kennen und nicht durch Schrei oder Gelächter bewegt, sondern mit Manometer und Taxometer gemessen werden. (...) Der neue Massen-Ingenieurismus verwandelt das Proletariat in einen sozialen Automat." [56]

Die Fetischisierung der Maschine zum Fortschrittssymbol mag darin begründet sein, daß einige wichtige Proletkult-Künstler eine jahrelange Emigration in Westeuropa verbracht hatten (etwa Tatlin, Kandinskij oder El Lissitzkij) [57], anders als die westeuropäischen Intellektuellen erlebten sie jedoch die Auswirkungen dieser Technik in den Materialschlachten des Westens zwischen 1914 und 1918 nicht mit, ebensowenig wie sie die konkreten Auswirkungen der Technisierung des Arbeitsprozesses erfuhren. [58] Konsequenterweise ist das revolutionäre Subjekt in Eisensteins berühmten Revolutionsfilm ein Panzerkreuzer. Goebbels war von diesem Film begeistert — die futuristische „Maschinenromantik" war für die deutschen, vor allem aber auch für die italienischen Faschisten überaus brauchbar.

Bei einer vorwiegend ländlichen Bevölkerung wie in Rußland mußte ein „Maschinenkult" den Bauern ihre bevorstehende Proletarisierung (die für Marx noch gleichbedeutend mit Verelendung war!) schmackhaft machen. So sprengte W.E Mejerchol'd in seinem „Proletarischen Theater" den traditionellen Bühnenraum durch Einführung von Maschinengewehren, Geschützen, Motorrädern etc. In den von Kerzencev angeregten Schauspielen unter freiem Himmel spielten einige tausend Menschen mit, die von „Massendirigenten" geleitet wurden.[59]

Die Proletkult-Organisationen veranstalteten z.B. „Maschinen-Sinfonien", bei denen herkömmliche Instrumente von Motoren, Turbinen, Hupen, Fabriksirenen etc. ersetzt wurden, um den „industriellen Rhythmus" zum Ausdruck zu bringen.[60]

Erwähnenswert in diesem Zusammenhang mit dem Proletkult ist die Gruppe um die Zeitschrift LEF (Linke Front der Künste), die mit ihrer Auffassung einer Produktions- und Montagekunst eine eigenständige Bedeutung erlangte, und die bisweilen im Zusammenhang mit Brechts Theaterpraxis gebracht wird: *„Für die Produktionskünstler des LEF charakteristisch — und dies unterscheidet sie sowohl vom übrigen Proletkult als auch von der Widerspiegelungs- bzw. Abbildästhetik des Sozialistischen Realismus — ist die Forderung, daß der besondere* *ästhetische Herstellungsprozeß, die Formverwandlung vorfindlicher Realitätsausschnitte im Kunstprodukt selbst transparent bleiben muß."* [61]

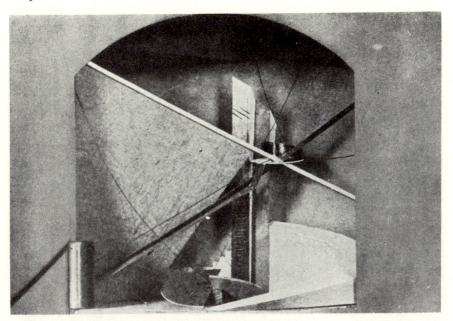

Modell für ein Bühnenbild im Mejerhol'd-Theater

Zwar lehnten die Produktions- und Montagekünstler einen Maschinenkult à la Gastev ab, zwar identifizierten sie nicht platterdings Elektrifizierung mit Sozialismus, dennoch geht es auch ihnen um eine spezielle Umformung der Körper in einem zum „Laboratorium" gewordenen Theater.

Boris Aratov, einer der führenden Köpfe des LEF, formulierte das Ziel des ihm vorschwebenden Theaters so: „*Das Leben zweckvoll konstruieren, das ist es, was der LEF erreichen möchte. Der LEF ist gegen, nicht für eine Theatralisierung des Lebens. Der LEF fordert produktionsmäßige Methoden, ein produktionsmäßiges Bewußtsein und Weltempfinden, einen produktionsmäßigen Zugang zu ausnahmslos jedem Gebiet der Kunst. Nicht dem industriellen kollektiven Alltag durch die 'Schönheiten des Staffelei-Theaters' Weihe verleihen, sondern das Theater voll und ganz den Konstruktionsmethoden und -aufgaben der kollektivierten industriellen Lebensweise unterordnen.*" [62]

In Mejerhol'ds System der Biomechanik sah Aratov die Grundlage für sein Theater. Die Biomechanik basierte einerseits auf den wissenschaftlichen Erkenntnissen der NOT (Wissenschaftliche Organisation der Ar-

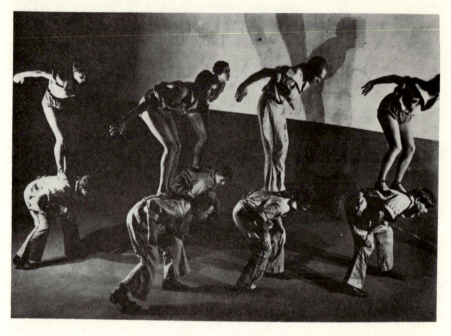

Biomechanisches System (Mejerhol'd) Staatliche Theaterhochschule, Moskau 1922.

beit), andererseits auf dem komödiantischen Erbe des Theaters, es war also eine spezifische Synthese der russischen Form des Taylorismus mit komödiantischen Elementen. Gastev, Vertreter des Proletkult und der NOT, beschreibt diese Synthese wie folgt: *„Der Theaterregisseur und der Ingenieur mit einer Sekundenuhr in der Hand werden gemeinsam ein System einer neuen Produktionssystematik nach den Gesetzen der Arbeitsprozesse schaffen."* [63]

Sicher wird durch die komödiantische Montage der „Zusammenschaltung von Mensch und Maschine"[64] der vorwiegend dressurmäßige Charakter genommen, aber das entsprach durchaus der Funktion des russischen Maschinenkults: Er hatte eine goldene Zukunft theatralisch zu versprechen, wohingehend der westeuropäische schon bestehende Verhältnisse nachträglich verklären mußte — daraus ergibt sich die im Westen häufig anzutreffende heroisch-fatalistische Grundhaltung.

Russischer Taylorismus: Chrono-zyklographische Aufnahme der Meißel-Arbeit mit zwei unter einem rechten Winkel aufgestellten Kameras im Gastevschen Institut.

Russischer Taylorismus: Eine Demonstration im biomechanischen Laboratorium von Gastev. Ein Schlosser wird während seiner Arbeit mit Hilfe eines Visierfernrohres und eines Koordinatenrahmens beobachtet.

So schrieb Walter Schönstedt in seinem 1932 in Berlin im Rahmen der „Roten Eine-Mark-Reihe" erschienenen Roman „Kämpfende Jugend": *„Und wenn wir jetzt Arbeitsmaschinen sind, zäh und dauerhaft, ununterbrochen an unserem Platz stehen, so kann doch das nicht schaden. Und wenn eine Maschine oder ein Teil von ihr verbraucht ist, dann wird sie eben abmontiert. Das ist bolschewistisch!"* [65]

Wenngleich also gewisse ideologische Tendenzen des Proletkult zumindest bis 1921 durchaus in den Rahmen der von der bolschewistischen Partei eingeschlagenen Route paßten, enthielt er, indem er auf Selbsttätigkeit und Autonomie der Produzenten bestand, einige latente Sprengkraft für jede autoritär-zentralistische Organisation, also auch für die russische KP. So kann es nicht verwundern, wenn die Bolschewiki, die entschlossen waren, *jede* Opposition auszuschalten, nach der blutigen Niederwerfung des letzten Arbeiteraufstands in Kronstadt [66] sich den Intellektuellen und Künstlern zuwandten. Nunmehr, ab 1923, vertrat Lenin die Auffassung, für den Anfang müsse eine wirklich bürgerliche Kultur genügen. [67] Der Proletkult wurde aufgelöst. Eine auf einer Resolution des russischen Zentralkomitees von 1925 basierende Enquete von Voronski erklärte die Zeit der „Agitationsliteratur" für beendet: Es komme jetzt vielmehr auf genaue „Widerspiegelung der revolutionären Wirklichkeit" an. [68] War es bisher um diese oder jene *Form* gegangen, so bestimmte die Partei nun, was „Wirklichkeit" zu sein hatte; der Herrschaftsanspruch umfaßte jetzt vollkommen Form *und* Inhalt; die zwischen 1928 und 1932 gegründeten russischen Schriftstellergruppen wie Neue Litfront (Novyj Lef) mit Cuzak, Tretjakov, Brik und Sklowskij, oder die von Majakovskij gegründete REF (Revolutionäre Front), die sofort unter Vorherrschaft der RAPP (Russische Vereinigung proletarischer Schriftsteller) geriet, wurden, wie alle anderen Schriftstellervereinigungen, am 23. April 1932 aufgelöst. [69]

Zur Zeit des I. Allunionskongresses der Sowjetschriftsteller im August 1934 in Moskau waren die Fronten auf der Landkarte vorläufig geklärt: Deutschland und Italien waren unter die Herrschaft der Faschisten geraten, während sich Stalins Diktatur so festigen konnte, daß 2 Jahre später in den Moskauer Prozessen die Liquidierung der Altbolschewiken beginnen konnte. Der Allunionskongreß sollte nun auch die Fronten in der Literaturpolitik klären.

Andrej Zdanov erklärte in seiner Begrüßungsrede [70] die „Hauptschwierigkeiten beim Aufbau des Sozialismus" einfach für überwunden. Es gab auf ganzer Linie nur Siege; entsprechend blüht und gedeiht die

Sowjetkultur „üppig”. Trotz Beseitigung der „Hauptschwierigkeiten”
gibt es noch Eigentum: Zdanov nennt es „gesellschaftliches” Eigentum.[71]

Echte sowjetische Literatur spiegele alle diese Siege, deshalb ist sie
laut Zdanov die „ideenreichste, fortschrittlichste und revolutionärste
Literatur der Welt.”

Zdanov und Stalin am Sarg Korovs, 1934.

Die „bürgerliche Literatur” hingegen wird identifiziert mit „Verfall”,
„Zerstörung”, „Fäulnis”, „Mystizismus” und „Pornographie”; in ihr
„spiegele” sich der Verfall des Bürgertums. Daß Literatur immer etwas
„spiegelt”, also letztlich den „wirklichen, materiellen Prozessen” gegen-
überstehe, ist mit Zdanovs Rede festgelegtes Dogma. Es kann allenfalls
noch darüber gestritten werden, ob sich etwas „richtig” oder „falsch”
abbildet. Für Sowjetschriftsteller hat indessen klar zu sein, was abbil-
dungswürdig sein soll: Arbeiter, Bauern, Funktionäre; diese sind selbstverständlich „optimistisch”, „heldisch”, „heroisch” etc. Darüber hinaus
soll die Literatur „erziehen und ideologisch umformen”, deshalb hat

31

der Sowjetschriftsteller (hier zitiert Zdanov Stalin) ein „Ingenieur der Seele" zu sein, denn das Bewußtsein der „Helden" ist offenbar noch etwas hinter den „grandiosen Erfolgen der Ökonomie" zurückgeblieben. Ein Schuß „revolutionärer Romantik" (das ist für Zdanov die Verbindung „härtester, nüchterner Arbeit" mit „höchstem Heroismus") sollte immer dabei sein.

Die dekadente Literatur des dekadenten Westens hat für Radek in Proust und Joyce ihre „Talsohle" erreicht; Joyces Werk ist „ein von Würmern wimmelnder Misthaufen, mit einer Filmkamera durch ein Mikroskop aufgenommen". [72] Allerdings wird dem Proletariat nicht zugetraut, diesen „Misthaufen" aus eigener Anschauung zu beurteilen, wie es beim ganzen Kongreß nicht auf das Urteil der Adressaten der neuen Literatur ankam. Das Publikum hatte die Funktion einer Kulisse; es durfte allenfalls Wünsche äußern und Beifall spenden. [73] Radek leugnet die Wirklichkeit eines Joyce und entgegnet, daß nur der „sozialistische Realismus" die „Wirklichkeit wiedergebe"; er schließt mit der Hoffnung auf den „proletarischen Shakespeare" und eine Literatur, die „höher stehe" als die der Renaissance.

Einige ausländische Kongreßteilnehmer versuchten, gegenüber dieser gewissermaßen „regierungsamtlichen" Literaturkritik Differenzierungen vorzunehmen, die jedoch höchst widersprüchlich blieben. Malraux unterscheidet zwischen „westlichen Schriftstellern", die gegen die Bourgeoisie arbeiten, und „sowjetischen Schriftstellern", die für das Proletariat schreiben; eine Differenzierung, von der Malraux gewußt haben wird, wie umkehrbar und nichtssagend sie ist, außer, daß er damit die sowjetische Gesellschaft ebenfalls als Klassengesellschaft kennzeichnet. Sein Versuch, den „Antipsychologismus" [74] der Partei zu differenzieren, ging ebenso ins Leere wie sein Hinweis auf die Rolle des Bewußtseins bei Marx. Auch andere Teilnehmer kritisierten die von den Literaturfunktionären Zdanov, Olexa, Bucharin und Radek geäußerten Ansichten. Jean-Richard Bloch nahm zu Radeks Ausfällen gegen die „Freiheit der Persönlichkeit" pointiert Stellung: *„Die kommunistische Revolution wird in Frankreich nicht glücken — und ich glaube, in keinem lateinischen Land überhaupt — ehe es uns gelungen ist, diese alten Parolen unserer westlichen Revolutionen wirklich zu erobern für das kommunistische System — ehe wir sie nicht wirklich eingefügt haben in den gewaltigen Strom des kommunistischen Gedankens. Wenn ihr jedoch darauf besteht, sie zu verdammen, wenn ihr nicht davon ablaßt, eine Wand des Mißtrauens zwischen euch und ihnen aufzurichten, dann sage ich euch voraus, daß das zu nichts nutzen wird, als daß ihr* *die westlichen Massen zum Faschismus stoßt – ja, daß ihr sie als Geschenk darbringen werdet dem Faschismus. Ist das eure Absicht?"*[75]

Willi Bredel reagierte noch heftiger auf Karl Radek[76], und auch Ehrenburg hatte für den Optimismus eines Zdanov kein Verständnis.[77] Es gab sogar offene Zweifel an der führenden Rolle der Partei, die jedoch sofort mit der nötigen Schärfe und Eindeutigkeit zurückgewiesen wurden: *„Als Anführer der ‚Fraktion der Gekränkten' tritt der Genosse Surkov auf (Surkov: ‚mich kränkt absolut nichts'). Manchen ist bekanntlich mit nichts beizukommen. (Beifall).*

Als mir am Anfang meines Vortrags das ganze Auditorium ohne mein Verdienst heftig applaudierte, erklärte ich, daß ich diesen Beifall der Partei zuschriebe, die es mir übertragen hatte, hier einen Vortrag zu halten. Der Genosse Surkov aber begann zu belehren: Hier, sagte er, habe die Partei nichts verloren. Ich habe jedoch andere Informationen. Die Unterlagen des Vortrags wurden von den entsprechenden Instanzen durchgesehen und gebilligt. Darin besteht eine der Führungsfunktionen der Partei.

Im übrigen hegt der Genosse Surkov, wie mir scheint, einen schädlichen politischen Gedanken. Er sagte: ‚Die Partei hat hier nichts verloren, hier ist das Orgkomitet zuständig.' Aber wird denn das Orgkomitet nicht durch die Partei geführt? Hier taucht aber der Gedanke von einer Trennung der Schriftstellerorganisation von der Führung durch die Partei auf. Aber ich versichere, daß es keinem Genossen Surkov gelingen wird, unsere Schriftsteller von der Führung durch die Partei zu trennen (anhaltender Beifall)."[78]

Klarer hätte der politische Anspruch an die Kongreßteilnehmer kaum formuliert werden können – hinsichtlich des literarischen Anspruchs herrschte noch eine gewisse Vielfalt. Hier nahm Gor'kijs Referat eine zentrale Stellung ein. Auch ihm ist Literatur von allem Anfang an Widerspiegelung der Auseinandersetzung des Menschen mit dem Menschen oder der Natur, auch er unterscheidet zwischen Aufstiegs- und Abstiegsphasen gesellschaftlicher Klassen. Der Abstiegsphase des Bürgertums ordnet er den „kritischen Realismus" zu, dessen Kennzeichen er in der Negativität, in der Widerspiegelung der allgemeinen Zersetzung des Bürgertums, erblickt.

„Der kritische Realismus – das müssen wir wissen – entstand als individuelles Schaffen ‚überflüssiger Menschen', die zum Lebenskampf unfähig waren, keinen Platz im Leben fanden, mehr oder weniger deutlich

die Ziellosigkeit erkannten, aber diese Ziellosigkeit nur als Sinnlosigkeit aller sozialen Erscheinungen des gesamten historischen Prozesses auffaßten." [79]

In der realistischen Widerspiegelung der bürgerlichen Dekadenz sieht Gor'kij, im Unterschied etwa zu Karl Radek oder auch Gertrud Alexander, keine Erscheinung der „Fäulnis der Literatur", sondern der Gesellschaft. Damit knüpft Gor'kij nicht an die Apologeten, sondern an die Kritiker und Rebellen an, in ihnen sieht er Vorläufer der neuen sozialistischen Literatur. Allerdings nicht mehr als Vorläufer, von denen zwar einiges an literarischer Technik zu lernen ist, die aber im nachrevolutionären Rußland keinen Platz haben: *„Aber diese Form des Realismus hat der Erziehung einer sozialistischen Individualität nicht gedient und kann ihr nicht dienen, denn sie kritisiert alles und bejaht nichts, oder aber sie kehrte schlimmstenfalls zur Bejahung dessen zurück, was sie bereits negiert hatte."*[80]

Die neue Literatur hat die Kritik gegen die Bejahung einzutauschen: *„Der sozialistische Realismus bejaht das Dasein als Handeln, als schöpferische Tätigkeit, deren Ziel die ständige Entwicklung der wertvollsten individuellen Fähigkeiten des Menschen für den Sieg über die Naturkräfte ist, für ein gesundes und langes Leben, für das große Glück, auf der Erde zu leben, die der Mensch entsprechend seinen ständig wachsenden Bedürfnissen in eine schöne Wohnstätte der zu einer Familie vereinigten Menschheit verwandeln will."* [81]

In Anlehnung an dieses Referat wurde im „Statut des Verbandes der Sowjetschriftsteller", das der endgültigen Bestätigung durch den Ersten Allunionskongreß der Sowjetschriftsteller unterlag, der „Sozialistische Realismus" definiert: *„Der sozialistische Realismus, der die Hauptmethode der sowjetischen schönen Literatur und Literaturkritik darstellt, fordert vom Künstler wahrheitsgetreue, historisch konkrete Darstellung der Wirklichkeit in ihrer revolutionären Entwicklung. Wahrheitsgetreue und historische Konkretheit der künstlerischen Darstellung muß mit den Aufgaben der ideologischen Umgestaltung und Erziehung der Werktätigen im Geiste des Sozialismus verbunden werden."* [82]

Mit dieser Definition, die nichts definiert und sich gerade deshalb hervorragend eignet, jegliche Maßnahme gegen unbequeme Künstler zu legitimieren, konnte in der Folge revolutionäre Literatur endgültig zur apologetischen Parteilektüre heruntergebracht werden. Damit ist man denkbar weit entfernt von jedem Gedanken an Selbsttätigkeit und

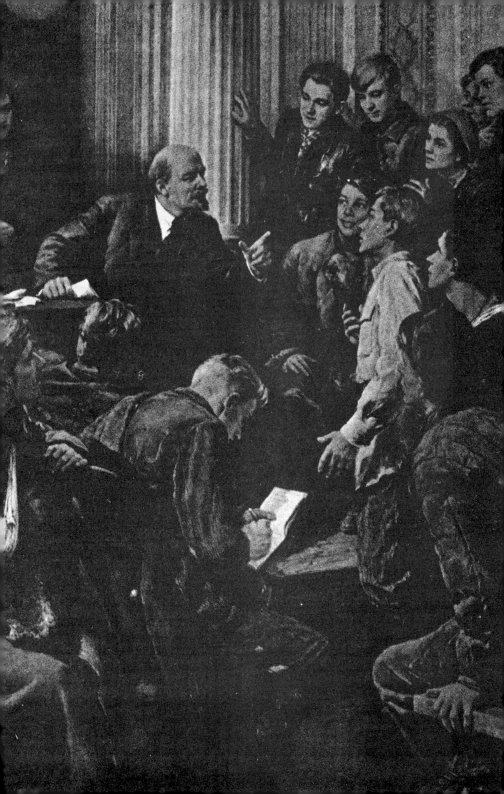

Autonomie der Produzenten, denn was „Wirklichkeit" oder „wahrheitsgetreue Widerspiegelung" ist, entscheidet die „Vorhut des Proletariats". Bis heute ist Theorie und Praxis des „Sozialistischen Realismus" für die Ostblockstaaten die offiziell verbindliche Alternative zur „Dekadenz", d.h., zur gesamten staatlicherseits nicht gebilligten Kunst dieses Jahrhunderts.

In der „Deutschen Literaturgeschichte in einem Band" heißt es, die Literaturdiskussion der 30er Jahre zusammenfassend und die Verdienste des Bundes Proletarisch-Revolutionärer Schriftsteller würdigend: *„Die wesentlichen Züge der sozialistischen Literatur wurden in theoretischen Auseinandersetzungen innerhalb des Bundes genauer bestimmt und immer wieder am praktischen künstlerischen Schaffen überprüft. Als charakteristische Merkmale der proletarisch-revolutionären Literatur wurden genannt: wahrheitsgetreue Widerspiegelung der Wirklichkeit; vorrangige Bedeutung des Inhalts, das heißt Verzicht auf Formspielereien, ohne die Bedeutung der meisterhaften künstlerischen Gestaltung zu schmälern: hoher sozialistischer Ideengehalt und Streben nach Aktivierung der Leser im Sinne des Kampfes um den Sozialismus. Das Ziel aller Bundesmitglieder war es, ,Parteiliteratur' im Sinne Lenins zu schreiben, das heißt, mit der künstlerischen Gestaltung der neuen ästhetischen Bereiche und einer realen Perspektive Partei zu nehmen für die Vorkämpfer der Zukunft der Menschheit. Die sozialistische deutsche Schriftstellerorganisation leistete damit einen wirksamen Beitrag zur Herausbildung der Theorie und der literarischen Praxis des sozialistischen Realismus."* [83]

Unmittelbar neben dem hier zitierten Text ist in der „Literaturgeschichte" ein Produkt „wahrheitsgetreuer Widerspiegelung der Wirklichkeit" zu betrachten: Ein Photo von Gor'kij, Becher und Bella Illes vor Gor'kijs Heim in Moskau vom Juni 1931. Es springt förmlich ins Auge, daß es sich hier um eine retuschierte Fotomontage handelt; ein beliebtes Mittel, etwa auch Trotzki aus der „Geschichte" zu entfernen.

Als Höhepunkt der Auseinandersetzungen um eine sozialistische Realismuskonzeption ist jedoch die sogenannte „Expressionismusdebatte" der Jahre 1937/38 zu sehen, an der neben Lukács und Kurella (unter dem Namen Bernhard Ziegler) auch Ernst Bloch, Klaus Mann, Herwarth Walden u.a. teilnahmen. [84]   Ihr war ein folgenreicher Umschwung der Kominternpolitik vorangegangen.

Die Kominternführung hatte sich nach dem Sieg der deutschen Nationalsozialisten zur Aufgabe der „Sozialfaschismustheorie" entschlossen.

In Rußland selbst schien der „Sieg des Sozialismus in einem Land", also Stalins Politik, auf den ersten Blick zumindest auf ökonomischem Sektor erfolgreich, da Landwirtschaft und Industrie die Folgen von Bürgerkrieg und Kollektivierung überstanden hatten. Die industrielle Produktion erreichte quantitativ die des deutschen Reiches. [85] Noch schien Stalin zur äußeren Absicherung der mühsam unter größten Opfern gewonnenen inneren Stabilität das Setzen auf die westlichen Demokratien langfristig opportuner zu sein. Den Wünschen der westeuropäischen Arbeiter nach Zusammenarbeit *aller* Kräfte gegen den Faschismus wurde, zunächst in Frankreich und Spanien, von den Komintern stattgegeben. Die „Einheitsfront" aus Sozialisten und Kommunisten wurde durch Aufnahme der demokratischen Radikalsozialisten zur „Volksfront", die bereits 1936 die Parlamentswahlen in Frankreich gewann. [86]

Abb. aus Geerdts „Literaturgeschichte in einem Band"

Der im Zusammenhang dieser politischen Strategie von einer Gruppe französischer Schriftsteller (u.a. Henri Barbusse, Louis Aragon, André Malraux, Romain Rolland) bereits im Juni 1935 in Paris veranstaltete „Internationale Schriftstellerkongreß zur Verteidigung der Kultur" sollte die antifaschistischen Kräfte Europas zum „Kampf gegen den Faschismus und zur Rettung des kulturellen Erbes vor der Bedrohung durch die Barbarei" aufrufen. Unter den deutschen Teilnehmern des Kongresses befanden sich Ernst Bloch, Johannes R. Becher, Robert Musil, Ernst Toller, Heinrich Mann, Bert Brecht u.a. [87] Auf dem Kongreß wurde als Forum für eine „Volksfrontliteratur" (diese Formel stammt von Wilhelm Pieck auf der Brüsseler Parteikonferenz der KPD im Oktober 1935, auf der das Volksfrontbündnis als Voraussetzung für den „Übergang zum Sozialismus" beschlossen wurde) [88] die Zeitschrift „Das Wort" gegründet, die von einem Herausgebergremium geleitet werden sollte: Bert Brecht, Willi Bredel und Lion Feuchtwanger. Willi Bredel wurde, als er 1936 am Spanischen Bürgerkrieg teilnahm, von Fritz Erpenbeck abgelöst.[89]

Bartach: Chriflus u.Joh.
Kunfthalle Kiel.Aus der
Hafeloff-Spende 1931

aus: Ausstellung „Entartete Kunst", München 1937.

Alfred Kurella, neben J.R.Becher einer der führenden Kulturpolitiker der KPD in Moskau, eröffnete die „Expressionismusdebatte" mit seinem Aufsatz ‚Nun ist dies Erbe zuende ...' in: Das Wort Nr. 9 von 1937. In der gleichen Ausgabe erschien Klaus Manns Auseinandersetzung mit G.Benn.[90]

Zum gleichen Zeitpunkt, Mitte Juli 1937, präsentierte Hitler in München mit der Ausstellung „Entartete Kunst" das, was *er* für „krank", „entartet", „verfault" etc. hielt : die gesamte Kunst der Moderne, vor allem Werke von Expressionisten.[91] Die Übereinstimmung in der Ablehnung der expressionistischen Kunst bei Faschisten und Parteikommunisten, die sich bis in die Terminologie nachweisen läßt, scheint indessen alles andere als „zufällig" zu sein.[92] In beiden Fällen handelt es sich um Legitimationstheorien, die das jeweilige „dekadente", „entartete" und „verfaulte" Fremde brauchen, um ihre eigene „Gesundheit" nachzuweisen, auch wenn man dazu ein nicht existierendes Objekt erst aufbauen muß, denn spätestens bei der näheren Bestimmung dessen, was „Expressionismus" sei und wer dazu gehört bzw. gehörte, zeigt sich, daß es nicht allein um literarische Fragen [93] , sondern um mehr als die vorgeblich angegriffenen Dinge geht, nämlich um die Negativität und deren „zersetzende Wirkung" auf positive, ausschließlich auf den Status Quo ausgerichtete Verhältnisse.

Wenn Klaus Mann Benns Eintreten für den Nationalsozialismus [94] verurteilt und als Irrtum und geistige Verirrung einstuft, die er gleichwohl in Benns „lyrischem Schrei nach dem großen ‚Zurück' " und in dessen „falschem Pathos der Form" [95] angelegt sieht, so kam Kurella ohne Umschweife zur Sache, wenn er gleich zu Beginn den Verlag nennt, in dem Benns „Vermessungsdirigent" (1916) und „Karandasch" (1917) erschienen: in der Aktionsbücherei von Franz Pfemfert.[96] Da ist dann der Hinweis, hier gehe es nicht um Gottfried Benn, sondern „um den Geist einer ganzen Generation", zumindest aber den einer größeren Gruppe, schon fast überflüssig. Für Kurella ist klar, „wes Geistes Kind der Expressionismus war, und wohin dieser Geist, ganz befolgt, führt: in den Faschismus." [97]

aus: Ausstellung „Entartete Kunst", München 1937.

Kurella machte seinen Vorwurf nicht wie Mann im „falschen Pathos der Form", in der formalistischen Konstruktion um ihrer selbst willen, sondern in der Destruktion, in der „Zersetzung" fest. Die „Liquidierung der jakobinischen Etappe der bürgerlichen Auffassung von der Antike" [98] , die Zersetzung des „mutigen und draufgängerischen Jakobinismus" führt bei Kurella „gesetzmäßig" zum Faschismus, und jeder Rest dieser zersetzenden Gedanken- und Gefühlswelt muß für Kurella ein „Fremdkörper in unserem Lager" sein. Wie wenig Kurellas Argumentation gegen die Expressionisten „Zufall" genannt werden kann, mag noch deutlicher werden, wenn man diese Literaturpolitik im Zusammenhang mit der sonstigen Kominternpolitik sieht. Die bolschewistischen Organisationen gedachten nunmehr, nachdem sie in Rußland die Staatsmacht erfolgreich behaupten und das Kostüm der „Sowjetmacht" abstreifen konnten, das ihrer Organisation und Politik entsprechendere des Jakobinismus überzuziehen. Der von der westeuropäischen Linken immer wieder erhobene Vorwurf, der Sieg der Bolschewiki als Organisation kleinbürgerlich-jakobinischer Machtpolitiker bedeute nicht den Beginn, sondern vielmehr das Ende der Revolution, wird durch Kurellas Angriffe nachträglich bestätigt. [99] Indem Kurella die vielleicht revolutionärste Seite Benns, nämlich die Zersetzung, die Destruktion des bürgerlich-jakobinischen Pathos verurteilt, greift er die Kräfte an, die in Spanien zwischen 1936 und 1939 die reale Destruktion des deutsch-italienischen Faschismus betrieben: libertäre Kommunisten, Trotzkisten und Anarchisten. Im gleichen Jahr, in dem Kurellas Verdikt des Expressionismus erschien, begann in Spanien die Liquidierung der sozialrevolutionären Kräfte durch die Komintern [100], die den Faschisten erst den Weg ebnete.

Kersten, der den literarischen Expressionismus von Heinrich Manns Aufsatz ‚Geist und Tat' (1910) an datiert, spricht den Grund für die Ablehnung des Expressionismus durch die politische Führung der Komintern mit einem Seitenblick aus: *„Das bakunistische Bekenntnis aus dem Jahre 1842 (‚Die Lust an der Zerstörung ist zugleich eine schaffende Lust ... Das Volk, die arme Klasse, beginnt ihre Rechte zu fordern') klingt in vielen dieser Dichtungen wieder an."*[101]

Alfred Durus dagegen fühlt sich durch „das hilflose Stammeln, Wimmern und Plärren minderbegabter Exklexkubofuturokonstruktivisten an ame Kindlein" erinnert, „die nichts dafür können, daß ihre Mutter sie schwachsinnig zur Welt gebracht hat." [102]

Auf die Übereinstimmung zwischen Faschisten und bestimmten kommunistischen Kulturpolitikern in ihrer Haltung gegenüber dem Expressionismus deutlich hingewiesen zu haben, ist das Verdienst Ernst Blochs [103] , auch wenn dieser in seiner scharfen Kritik an Ziegler und Lukács nicht über den kulturhistorischen Rahmen der Diskussion hinausgeht und etwa nach der politischen Bedeutung dieser Übereinstimmung fragt. Bloch begnügt sich mit dem Hinweis, wie rasch Zieglers Urteil durch die Faschisten selbst ad absurdum geführt wurde, indem diese das ihnen zugeschobene Erbe gar nicht haben wollten und im übrigen ganz Zieglers Meinung waren.

Bloch belegt durch seine Kritik an Lukács' Aufsatz „Größe und Verfall des Expressionismus", daß es sich bei den Beiträgen Zieglers und anderer nicht um zufällige Entgleisungen handelt, sondern daß diese sich durchaus auf der Ebene des Lukács'schen Erbe-Verständnisses bewegen, wenn bei ihnen die „Klassik als das Gesunde, die Romantik als das Kranke und der Expressionismus als das Allerkrankeste" eingestuft werden. Letztlich begründet sieht Bloch dieses Verständnis in Lukács' Voraussetzung einer überall geschlossen zusammenhängenden Wirklichkeit, „in der zwar der subjektive Faktor des Idealismus keinen Platz hat, dafür aber die ununterbrochene ‚Totalität', die in idealistischen Systemen, und so auch in denen der klassischen deutschen Philosophie, am besten gediehen ist." [104] Aufgrund dieses „objektivistisch-geschlossenen Realitätsbegriffs" müsse sich Lukács gegen jeden Versuch der „Zerfällung" seines Weltbildes wehren, somit auch und vor allem gegen die Expressionisten, die „Pioniere des Zerfalls".

Georg Lukács' Entgegnung „Es geht um den Realismus" erschien in der gleichen Nummer wie Blochs Aufsatz; etwas spät erhielt er die Gelegenheit, in die Debatte einzugreifen. Wieder beruft Lukács sich auf bestimmte Traditionen, gibt aber wie in seinem Gesamtwerk keine Definition des „Sozialistischen Realismus", um den es ihm ja ging. [105]

Vielmehr nennt er Namen, die ihm „Gipfelgestalten unserer heutigen Literatur" repräsentieren: Thomas und Heinrich Mann, Gor'kij, Romain Rolland. [106] Bezüglich der „dekadenten Avantgarde", insbesondere Joyce und Dos Passos und der Technik der Montage, ist sein Urteil unverändert hart; allenfalls die Fotomontage John Heartfields läßt er gelten. Da für Lukács Philosophie und Literatur Formen gedanklicher Widerspiegelung der Wirklichkeit sind, entscheidet sich für ihn die Frage, wer wirklich ein Realist sei, daran, ob die „richtige Erkenntnis der Einheit von Wesen und Erscheinung" im Kunstwerk als gestaltete, nacherlebbare Wirklichkeit „vermittelt" werde. Da ferner der „geschlossene Zusammenhang", die „Totalität" des kapitalistischen

Systems *unabhängig* vom menschlichen Bewußtsein existiere[107] , kann für Lukács richtige Erkenntnis nur „Einsicht in die Totalität der Produktionsverhältnisse" sein, die Wesen und Erscheinung der Gesellschaft erst konstituieren. Das Wesen liegt aber nun für Lukács nicht auf der „Oberfläche" der Erscheinungen, kann also durch unmittelbare Wiedergabe der Sinneseindrücke nicht erfaßt werden (diese Überlegung läßt Lucács, wie Bloch anmerkt, auch „von den großen Impressionisten sprechen wie vom Untergang des Abendlandes"), es ist für den „einfachen Menschen" letztlich unfaßbar, es kann ihm nur (auf politischem Gebiet durch die Partei, auf kulturellem durch die kleine Zahl wirklich zur „Gestaltung des Wesens" fähigen Realisten) *vermittelt* werden. Der echte Realist hat bei Lukács durchaus zu abstrahieren, um die „tiefer liegenden, verborgenen, vermittelten, unmittelbar nicht wahrnehmbaren Zusammenhänge der gesellschaftlichen Wirklichkeit" zu begreifen, er hat diese aber dann (gewissermaßen im zweiten Schritt) in seinem Werk in eine *„neue, gestaltet vermittelte Unmittelbarkeit, eine gestaltete Oberfläche des Lebens (zu verwandeln, d.Verf.), die, obwohl sie in jedem Moment das Wesen klar durchscheinen läßt (was in der Unmittelbarkeit des Lebens selbst nicht der Fall ist), doch als Unmittelbarkeit, als Oberfläche des Lebens e r s c h e i n t."*[108]

Alle weiteren Forderungen Lukács' wie die nach Geschlossenheit, nach dem Typischen, nach Einfühlung und Katharsis resultieren aus *dieser* Auffassung von Widerspiegelung als „Einsicht in die Totalität". Die Probleme eingreifenden Denkens, die historischen Möglichkeiten, Kunst, Wissenschaft und Technik zu vereinen und als neue Weise gesellschaftlicher Produktion mit der Veränderung des Alltags zu verbinden (Probleme, die für Brecht vorrangig waren,) erscheinen bei Lukács nicht mehr.

Benjamin notierte 1938, Brecht habe im Hinblick auf Lukács, Gabor und Kurella geäußert: *„Es sind eben Feinde der Produktion. Die Produktion ist ihnen nicht geheuer. Man kann ihr nicht trauen. Sie ist das Unvorhersehbare. Man weiß nie, was bei ihr herauskommt. Und sie selber wollen nicht produzieren. Sie wollen den Apparatschik spielen und die Kontrolle der anderen haben. Jede ihrer Kritiken enthält eine Drohung."*[109]

Brechts Äußerungen zu den im Rahmen der Expressionismusdebatte angerissenen Problemen erschienen nicht im „Wort" — sie finden sich in privaten Gesprächen etwa mit Benjamin, in den Tagebüchern bzw. in den erst dreißig Jahre nach der Debatte veröffentlichten „Schriften

zur Literatur und Kunst"; dort allerdings wird ersichtlich, daß Brecht
dem Problem des Realismus große Bedeutung beimaß, daß er sich intensiv mit Lukács' Vorwürfen auseinandersetzte und auch im Rahmen
seiner umfangreichen theoretischen Schriften eine fundierte Gegen-
position zu Lukács erarbeitete.

Möglicherweise zögerte Brecht mit der Veröffentlichung seiner Überlegungen auch deshalb, weil er bei den Moskauer Kulturfunktionären zu
viel Macht vermutete und weil er erkannte, daß es sich bei diesen Auseinandersetzungen keineswegs nur um literarische Fragen handelte:
*„lese LUCÁCS' MARX UND DAS PROBLEM DES IDEOLOGISCHEN
VERFALLS. wie ‚der mensch' sich einbaut in allen vom proletariat
geräumten positionen. die rede ist wieder vom realismus, den sie jetzt
glücklich so heruntergewirtschaftet haben wie die nazis den sozialismus.
(...) und wie ähnelt dieser zug, daß diese leutchen ihre formalistische
kritik mit einem kampf gegen den formalismus starten, den national-
‚sozialistischen' manövern."* [110]

Die Ablösung literarischer Formen einiger weniger Schriftsteller des
19. Jahrhunderts und ihre Übertragung auf die „neuen Anforderungen
der sich immer ändernden sozialen Umwelt"[111]ist für Brecht eben auch
Formalismus; sie enthüllt ihm darüber hinaus eine idyllische Geschichtsauffassung: *„Hier wickeln sich Kämpfe ab, nicht bloße Ablösungen.
Die Übernahme des Erbes ist kein kampfloser Vorgang. Da werden
nicht einfach Formen geerbt, nach dem Tode des Erblassers, der infolge von Altersschwäche, einer natürliche Dekadenz seiner Kräfte, ein-
trat."* [112]

Der Expressionismus ist für Brecht keine ‚peinliche Entgleisung'; im
Gegenteil: Er hatte dessen Unzulänglichkeiten bereits sehr früh (mit
einer gehörigen Portion Selbstkritik) erkannt[113] ; dennoch will er lieber ans schlechte Neue denn ans gute Alte anknüpfen[114] und gesteht,
daß er bei den Expressionisten mehr und einfacher lernt als bei Balzac
und Tolstoj.[115] Brecht setzt dabei seine Position nicht starr der Lu-
kácsschen entgegen; er sieht keinen Grund, etwa „auf Gedeih und
Verderb die Dos Passos'sche Montagetechnik zu propagieren"[116], dennoch wird schnell offenkundig, daß Brecht gerade die Dichter hoch-
schätzt, vor denen Lukács nicht genug warnen kann: Joyce, Kafka,
Dos Passos, Döblin, Proust. Nicht um den Abbau von Techniken handelt es sich bei Brecht, sondern um deren Ausbau, deshalb wird für
ihn „der Mensch nicht wieder Mensch, indem er aus der Masse heraus-
geht, sondern indem er hineingeht in die Masse." [117]

„Volkstümlichkeit", ein während der Expressionismusdebatte häufig gebrauchter Begriff, wird so von Brecht als „Hineingehen", als veränderndes Teilnehmen begriffen. In einer Zusammenfassung der „Ergebnisse der Realismusdebatte in der Literatur" konkretisiert Brecht seine Auffassung von Realismus in zwei Punkte: Der Realist habe nicht nur die Entmenschlichung, die seelische Verödung der Menschen in einer kapitalistischen Gesellschaft zu beschreiben, sondern ebenso die Menschlichkeit, die im Kampf gegen die Entmenschung sich entfalten kann; jede Darstellung des Menschen als Teil einer Maschinerie oder als nur politischer Faktor ist ihm unzulänglich. Vor allem aber — hier ergeben sich entscheidende Differenzen zu einer Abbildtheorie wie der von Lukács' — reicht es ihm nicht aus, nur Reaktionen, nur die „Spiegelung" der Welt in der menschlichen Psyche oder nur die menschliche Psyche, wenn sie die Welt „spiegelt", zu beschreiben. „Der Mensch muß in seinen Reaktionen *und* in seinen Aktionen beschrieben werden." [118] Während Brechts „historisierendes Abbild" etwas von Skizzen an sich hat, „die um die herausgearbeitete Figur herum noch die Spuren anderer Bewegungen und Züge aufweisen" [119] , und nicht etwa sich selbst für das Abgebildete oder dessen „Wesen" ausgibt, gerät er in eine gänzlich konträre Position zu Lukács' „geschlossenem Kunstwerk" mit seiner „Aristotelesstruktur" und seiner auf das „Wesen des Menschen" gerichteten Katharsis. [120] In seiner Weiterführung der Montagetechnik und ihrer Dienstbarmachung für die „Lust am Erkennen" in einer auf dem „Verfremdungseffekt" beruhenden Theatertheorie ist es Brecht in der Tat gelungen, an das „schlechte Neue" anzuknüpfen und auch praktisch eine Alternative zu Lukács' „Realismus" zu entwickeln.

„Wie die erkenntnistheoretische Abbildtheorie zwischen Denken und Wirklichkeit ein Bild der Wirklichkeit schiebt, so schiebt Lukács zwischen die künstlerische Darstellung und die Wirklichkeit das künstlerische Abbild der Wirklichkeit, und damit ist die wirklich entscheidende Differenz zwischen Lukács und Brecht bezeichnet." [121]

Anmerkungen

1 Ilja Ehrenburg: Menschen, Jahre, Leben. Autobiographie. Bd. 1. München 1962, S. 201. (zit.: Ehrenburg: Leben).
2 Klaus Völker: Brecht-Chronik. Daten zu Leben und Werk. Zusammengestellt von demselben. Zweite und um ein Register erweiterte Auflage. München 1971, S. 13 (zit.: Brecht-Chronik).
3 Richard Hamann/Jost Hermand: Epochen deutscher Kultur von 1870 bis zur Gegenwart. Bd. 5: Expressionismus. Frankfurt/M. 1977, S. 162 (zit.: Hermand: Expressionismus).
4 Ernst Toller: Eine Jugend in Deutschland. Reinbek b. Hamburg. 1978 (2. Aufl.), S. 57.
5 Hermand: Expressionismus, S. 8/9.
6 Vgl. Klaus Völker: Bertolt Brecht. Eine Biographie. München 1978, S. 34 ff. (zit.: Völker: Brecht).
7 Herbert Lüthy: Vom armen B. B. Zit. nach: Bertolt Brecht. Die Maßnahme. Kritische Ausgabe mit einer Spielanleitung von Reiner Steinweg. Zweite, korrigierte Auflage 1976, Frankfurt/M. 1976, S. 419 (zit.: Steinweg: Maßnahme).
8 Vgl. S. 36 ff. vorliegender Arbeit.
9 Im März 1921 kam es in Mitteldeutschland zum sogenannten „Max-Hölz-Aufstand", in dessen Verlauf die KPD zusammen mit der KAPD zum Generalstreik aufrief. Der Aufstandsversuch schlug jedoch fehl. Vgl. Ossip K. Flechtheim: Die KPD in der Weimarer Republik. Frankfurt/M. 1969, S. 159 ff. (zit.: Flechtheim: Die KPD).
10 Rosenberg glaubt, es habe in der neueren deutschen Geschichte keinen Zeitraum gegeben, der einer sozialistischen Revolution so günstig gewesen sei wie der Sommer 1923, als im Zuge der Ruhrbesetzung die Unruhe und Kampfbereitschaft des deutschen Proletariats ein vorher nicht gekanntes Ausmaß erreichte. Vgl. Arthur Rosenberg: Geschichte der Weimarer Republik. Frankfurt/M. 1961, S. 135 ff. (zit.: Rosenberg: Weimarer Republik).
11 Brecht notierte am 18. Juni 1920 in seinem Tagebuch: „Wie mich dieses Deutschland langweilt. (...) Bleibt: Amerika!" In: Bertolt Brecht: Tagebücher 1920 - 1954. Hrsg. von Herta Ramthun. o.O. 1975 (zit.: Brecht: Tagebücher).
12 Frederic Ewen: Bertolt Brecht. Sein Leben, sein Werk, seine Zeit. Frankfurt/M. 1973, S. 48 (zit.: Ewen: Brecht).
13 In seiner ‚Rede über die internationale Lage' vom 8. Nov. 1918 weist Lenin auf die Unmöglichkeit des vollen Sieges der sozialistischen Revolution in einem Land ausdrücklich hin. Vgl. Institut für Marxismus-Leninismus beim ZK der KPdSU (Hrsg.): W.I.Lenin: Werke. Bd. 28 (ins Deutsche übertragen nach der vierten russischen Ausgabe) Berlin 1962, S. 145 (zit.: Lenin: Werke).
14 Bei aller Fragwürdigkeit einer solchen Vereinfachung scheint diese Dichotomie doch zumindest grundsätzliche Differenzen erfassen zu können. Ferner haben die Begriffe in Form von „Marxismus-Leninismus" und „Linksradikalismus" eine gewisse Tradition. Lenins Schrift „Der linke Radikalismus, die Kinderkrankheit des Kommunismus" von 1920 wendet sich vor allem auch gegen die Räte-Kommunisten um Gorter und Pannekoek, wobei Lenin den Begriff „Linke Kommunisten" gebraucht; Vgl. Lenin: Der linke Radikalismus, die Kinderkrankheit des Kommunismus. In: Ders.: Werke, Bd. 31, S. 5 ff.
15 Vgl.: Fritz Brupbacher: Marx und Bakunin. Ein Beitrag zur Geschichte der Internationalen Arbeiter-Assoziation und zur Diskussion über autoritären und antiautoritären Kommunismus. o.O. 1922. Neu aufgelegt und mit einer Einleitung von Karl Lang versehen, Berlin 1976.
16 Vgl. Hans Manfred Bock: Syndikalismus und Linksradikalismus von 1918 - 1923. Zur Geschichte und Soziologie der Freien Arbeiter-Union Deutschland (Syndikalisten), der Allgemeinen Arbeiter-Union Deutschlands und der Kommunistischen Arbeiter-Partei Deutschlands. Meisenheim am Glan 1969. Eine neuere Untersuchung speziell zum deutschen Anarcho-Syndikalismus, die der Arbeit Bocks teilweise widerspricht, liegt jetzt vor: Angela Vogel: Der deutsche Anarcho-Syndikalismus. Genese und Theorie einer vergessenen Bewegung. Berlin 1977.
17 Es ist gewiß kein Zufall, wenn Brecht 1941 Korsch auffordert, die geschichtlichen Gründe für die Niederlage der Räte-Bewegung zu untersuchen, da er niemanden außer Korsch ken-

ne, der dazu in der Lage wäre. Vgl. Bertolt Brecht: Briefwechsel mit Karl Korsch. Internationaal Institut voor sociale Geschiedenis, Amsterdam, Brief Brechts vom November 1941 (zit.: Brecht/Korsch-Briefwechsel).

18 Zur Unterdrückung der russischen sozialrevolutionären Bewegung vgl.: Frits Kool / Erwin Oberländer (Hrsg.): Arbeiterdemokratie oder Parteidiktatur. 2 Bde. München 1972 (zit.: Kool: Arbeiterdemokratie) insbesondere das Vorwort von Oskar Anweiler, in: ebd. Bd. 1, S. 7 ff.; ferner: Boris Volin: Die unbekannte Revolution. Dtsch. Erstveröffentlichung in 3 Bänden. Hamburg 1975; ferner: P.Arschinoff: Geschichte der Machno-Bewegung (1918 - 1921). Berlin 1923. Zur Liquidierung der sozialrevolutionären Bewegung Spaniens zitiert Achim v. Borries in der Einleitung zur Neuausgabe von Gerald Brenans „Spanische Revolution" George Orwell aus einem Zeitungsartikel in „New English Weekly" vom 19. Juli 1937: „Der wirkliche Kampf findet zwischen Revolution und Konterrevolution statt; zwischen den Arbeitern, die vergebens versuchen, ein wenig von dem festzuhalten, was sie 1936 gewannen, und dem liberal kommunistischen Block, der so erfolgreich dabei ist, es ihnen wegzunehmen." In: G.Brenan: Spanische Revolution. Einleitung. Berlin 1973, S. XIX (zit.: Brenan: Revolution).
Die Beseitigung der linkskommunistischen Strömungen in Deutschland, die zeitweilig von einer „Einheitsfront" aus SPD, KPD und Rechtsradikalen Hand in Hand betrieben wurde, war zwar weniger „offen" und blutig, aber keineswegs weniger wirkungsvoll. Vgl.: Franz Jung: Der Torpedokäfer. Neuwied und Berlin 1972 (zit.: Jung: Torpedokäfer); ferner: Otto Rühle: Brauner und roter Faschismus (verfaßt 1939). In: Ders.: Schriften. Perspektiven einer Revolution in hochindustrialisierten Ländern. Reinbek Januar 1971.

19 „Wir müssen von der gesamten Kultur Besitz ergreifen, die der Kapitalismus hinterlassen hat, und aus ihr den Sozialismus aufbauen. Wir müssen von der gesamten Wissenschaft und Technik, von allen Kenntnissen und der Kunst Besitz ergreifen. Anders können wir das Leben der kommunistischen Gesellschaft nicht aufbauen." Lenin: Erfolge und Schwierigkeiten der Sowjetmacht. In: Ders.: Werke Bd. 29, S. 55.

20 Vgl. Michail Bakunin: Worte an die Jugend (Prinzipien der Revolution). Zwergschul-Ergänzungsheft. Berlin o.J.

21 Vgl. Walter Fähnders / Martin Rector: Linksradikalismus und Literatur. Untersuchungen zur Geschichte der sozialistischen Literatur in der Weimarer Republik. 2 Bände. Hamburg 1974 (zit.: Fähnders / Rector: Linksradikalismus).

22 Vgl. Fähnders / Rector: Linksradikalismus, Bd. 1, S. 100 ff. Als im Verlauf der März-Kämpfe 1920 in Dresden ein Rubens-Gemälde von einer Kugel getroffen wurde, forderte Oskar Kokoschka, seit 1919 Professor an der Dresdner Kunstakademie, die Kämpfenden auf, ihre „geplanten kriegerischen Übungen" demnächst an einen anderen Ort zu verlegen, um „dem armen zukünftigen Volk" nicht seine „heiligsten Güter" zu vernichten.

23 John Heartfield / George Grosz: Der Kunstlump. Nachgedruckt in: W. Fähnders / M. Rector: Literatur im Klassenkampf. Zur proletarisch-revolutionären Literaturtheorie 1919 - 1923. Frankfurt/M. 1974, S. 547 ff. (zit.: Fähnders/Rector: Literatur).

24 Vgl. Fähnders/Rector: Linksradikalismus. Bd. 1, S. 103.

25 Über den Zusammenhang von revolutionären Kämpfen und dem Versuch der Entwicklung alternativer sozialistischer Kunst der linksradikalen rheinischen „Gruppe progressiver Künstler" vgl. Uli Bohnen: Die rheinische ‚Gruppe progressiver Künstler' 1918 - 1933. Diss. Tübingen 1974 (zit.: Bohnen: Gruppe).

26 Franz W. Seiwert: Das Loch in Rubens Schinken. In: Die Aktion Nr. 10, 1920. Zit. nach: Uli Bohnen / Dirk Backes (Hrsg.): Der Schritt, der einmal getan wurde, wird nicht zurückgenommen. Frank W. Seiwert, Schriften. Berlin 1978, S. 16 (zit.: Bohnen/Backes: Seiwert Schriften).

27 Gertrud Alexander: Herrn John Heartfield und George Grosz. In: Die Rote Fahne Nr. 3, 9. Juni 1920. Zit. nach: Fähnders / Rector: Literatur, S. 55 ff.

28 Fähnders / Rector: Linksradikalismus. Bd. 1, S. 98.

29 Vgl. die Artikel Gertrud Alexanders in: Fähnders / Rector: Linksradikalismus. Bd. 1, S. 96 ff.

30 Vgl. Max Hermann-Neiße: Die bürgerliche Literaturgeschichte und das Proletariat. Berlin/ Wilmersdorf 1922.

31 F.Jung: Proletarische Erzählkunst. In: Proletarier 1, 1920. Nachgedruckt in: Fähnders / Rector: Literatur, S. 125 ff.

32 F.W.Seiwert: Volkskunst. In: a bis z. organ der gruppe progressiver künstler. Köln, Februar 1932, S. 85. Nachgedruckt in: Bohnen/Backes: Seiwert Schriften, S. 85.

33 Vgl. Fähnders / Rector: Linksradikalismus Band 1, S. 124.

34 Walter Benjamin: Geschichtsphilosophische Thesen: In: Ders.: Illuminationen. Hrsg.: Siegfried Unseld. Frankfurt/M. 1961, S. 271 (zit.: Benjamin: Illuminationen).

35 Bertolt Brecht: Fragen eines lesenden Arbeiters. In: Ders.: Gesammelte Werke in 20 Bänden. werkausgabe edition suhrkamp. Hrsg. vom Suhrkamp-Verlag in Zusammenarbeit mit Elisabeth Hauptmann. Frankfurt/M. 1973, Bd. 9, S. 656 (zit.: Brecht: wa).

36 Heinz Brüggemann: Literarische Technik und soziale Revolution. Versuch über das Verhältnis von Kunstproduktion, Marxismus und literarische Tradition in den theoretischen Schriften Bertolt Brechts. Reinbek bei Hamburg 1973, S. 31 (zit.: Brüggemann: Literarische Technik).

37 In der Kritik einer „Don-Carlos"-Aufführung vom 15.April 1920 betont Brecht – wiederum in erstaunlicher Nähe zur „Klassiker-Diskussion in der „Aktion" –, wie wenig ernst er das „idealistische Freiheitspathos in einer gnadenlosen Konkurrenzgesellschaft nehmen könne, die offensichtlich nicht mehr in der Lage ist, einem großen Teil ihrer Mitglieder das Existenzminimum zu garantieren." Vgl.: Brecht: wa Bd. 15, S. 9.

38 Fähnders / Rector: Linksradikalismus, Bd. 1, S. 109.

39 Zur Geschichte der Diskussion im 1928 gegründeten BPRS (Bund Proletarisch-Revolutionärer Schriftsteller) vgl.: Helga Gallas: Marxistische Literaturtheorie. Neuwied und Berlin 1971. Die Zähigkeit von Legenden, „fruchtbare Diskussionen" hätten in den nach 1925 gegründeten kommunistischen Organisationen begonnen und seien dort später weitergeführt worden, erweist sich noch im Vorwort von H.J.Schmitt zur Ausgabe der Dokumente des I. Allunionskongresses der Sowjetschriftsteller, oder in der Untersuchung von Fähnders / Rector zur Literaturtheorie des Linksradikalismus, wo die außerhalb der KP entwickelten Ansätze zwar zur Kenntnis genommen, aber durchgehend unter „Bohème" oder „Sekte", d.h. als belanglose Kuriosa, verarbeitet sind. Vgl. H.J.Schmitt / G.Schramm (Hrsg.): Sozialistische Realismuskonzeptionen. Dokumente zum I. Allunionskongreß der Sowjetschriftsteller. Frankfurt/M. 1974, S. 9 - 16 (zit.: Schmitt: Dokumente). Ebenso: Fähnders / Rector: Linksradikalismus, Bd. 1.

40 Schmitt: Dokumente, S. 11.

41 Richard Lorenz (Hrsg.): Proletarische Kulturrevolution in Rußland 1917 - 1921. München 1969, S. 8 (zit.: Lorenz: Kulturrevolution).

42 ebd. S. 8 ff.

43 Lorenz: Kulturrevolution, S. 11.

44 Bürger beschreibt als Grundtendenz, daß „die historischen Avantgardebewegungen die für die autonome Kunst wesentlichen Bestimmungen negieren: die Abgehobenheit der Kunst von der Lebenspraxis, die individuelle Produktion und die davon getrennte individuelle Rezeption. Die Avantgarde intendiert die Aufhebung der autonomen Kunst im Sinne einer Überführung der Kunst in Lebenspraxis. Dies hat nicht stattgefunden und kann wohl auch innerhalb der bürgerlichen Gesellschaft nicht stattfinden, es sei denn in der Form der falschen Aufhebung der autonomen Kunst." In: Peter Bürger: Theorie der Avantgarde. Frankfurt/M. 1974, S. 72/73 (zit.: Bürger: Avantgarde).

45 Alexander Bogdanov: Die Wissenschaft und die Arbeiterklasse. Berlin-Wilmersdorf 1920. Anatoli Lunatscharski: Die Kulturaufgaben der Arbeiterklasse. Berlin-Wilmersdorf 1919.

46 Franz W. Seiwert: Aufbau der proletarischen Kultur. In: Die Aktion. X. Jg. Heft 51/52 vom Dezember 1920, Spalte 719 ff. Seiwert sah diese „Destruktion" in der bildenden Kunst durch Kubismus und Konstruktivismus, in der Literatur durch den Expressionismus vollzogen, da diese die kulturellen Äußerungen der bürgerlichen Epoche in ihre einfachsten Teile zerlegt hätten, aus denen dann die neue Kultur erst konstruiert werden könne. Er verstand „Destruktion" immer gleichzeitig auch als Konstruktion und nicht als „Vernichtung"; ihn beschäftigte die Entwicklung einer streng konstruktiven gegenständlichen Bildform aus einfachen, aus dem Destruktionsprozeß hervorgehenden Grundformen. Vgl.: Bohnen: Gruppe, S. 65 ff. Diese Vorstellung des Anknüpfens an die neueste

Entwicklung, insbesondere an den Expressionismus, zeichnete in mehr oder weniger modifizierter Form alle linkskommunistischen Strömungen in Westeuropa (und bis 1921 teilweise auch in Rußland) aus. Die von den Expressionisten und Konstruktivisten entwickelte Montage der aus dem Destruktionsprozeß gewonnenen Elemente wird· von Brecht in charakteristischer Weise auf das Theater übertragen, wobei Brechts Montagetechnik zumindest auf dem Theater den traditionellen Illusionsraum sprengt. Vgl. Kap. „Entillusionierung als Konstitution neuer Räume ...” dieser Arbeit.

47 Hermann Gorter: Offener Brief an den Genossen Lenin. Eine Antwort auf Lenins Broschüre „Der ‚linke Radikalismus’ – eine Kinderkrankheit des Kommunismus”. Zit. nach Frits Kool: Die Linke gegen die Parteiherrschaft. Dokumente der Weltrevolution Band 3. Freiburg i. Brsg. 1970, S. 416 ff. (zit.: Kool: Die Linke).

48 André Glucksmann: Köchin und Menschenfresser: Über die Beziehung zwischen Staat, Marxismus und Konzentrationslager. Berlin 1976, S. 122 (zit.: Glucksmann: Köchin).

49 ebd. S. 168.

50 Lenin: Werke, Bd. 29, S. 55.

51 Lenin: Über Kultur und Kunst. Berlin 1960, S. 375.

52 Lenin: Werke Bd. 29, S. 55.

53 Hans Mayer wertet dieses Gedicht als „Aufhebung” des frühen brechtschen Technikkults sowie der „provokatorischen Attitüde der Literaturfeindschaft”. Vgl.: Hans Mayer: Bertolt Brecht und die Tradition. München 1965, S. 37.

54 Brecht: wa Bd. 8, S. 316 f.

55 F.J. Kalinin: Gastevs „Poesie des Stoßarbeiters”. Zit. nach: Lorenz: Kulturrevolution, S. 55.

56 Gastev: Über die Tendenzen der proletarischen Kultur. Zit. nach: Weimarer Republik. Hrsg. vom Kunstamt Kreuzberg, Berlin und dem Institut für Theaterwissenschaft der Universität Köln. Berlin 1977 (3. verb. Auflage), S. 823 (zit.: Weimarer Republik).

57 Camilla Gray: Die russische Avantgarde der modernen Kunst. Köln 1963.

58 1929 schrieb Siegfried Kracauer in der „Frankfurter Zeitung” anläßlich einer Betriebsbesichtigung: „ ‚Die Maschinerie’, meint ein Betriebsrat zu mir, ‚soll ein Instrument der Befreiung sein’. Er hat die Wendung wahrscheinlich oft in den Versammlungen gehört. Daß sie abgegriffen ist, macht sie erst recht rührend.” Siegfried Kracauer: Die Angestellten. Frankfurt/M. 1971, S. 34.

59 Vgl. Lorenz: Kulturrevolution, S. 8 ff.

60 ebd. S. 12 f.

61 Jan Berg: Produktionskunst – Konzeption zur Zeit der proletarischen Kulturrevolution in Rußland. In: Weimarer Republik, S. 823 (zit.: Berg: Produktionskunst).

62 Zit. nach Berg: Produktionskunst, S. 824.

63 Berg: Produktionskunst, S. 824.

64 „Diese verpflichtende Syntax nannten die Militärtheoretiker des 18. Jahrhunderts das ‚Manöver’. Die traditionelle Empfehlung wird von ausführlichen und zwingenden Vorschriften abgelöst. Die gesamte Berührungsfläche zwischen dem Körper und dem manipulierten Objekt wird von der Macht besetzt: Die Macht bindet den Körper und das manipulierte Objekt fest aneinander und bildet den Komplex Körper/Waffe, Körper/Instrument, Körper/Maschine. Damit ist man denkbar weit entfernt von jenen Formen der Unterwerfung, die dem Körper nur Zeichen und Produkte, Ausdrucksformen oder Arbeitsleistungen abverlangen. Die von der Macht durchsetzte Reglementierung der Tätigkeit ist zugleich deren inneres Konstruktionsgesetz. Und so wird der Charakter dieser Disziplinarmacht sichtbar: Es geht ihr weniger um Ausbeutung als um Synthese, weniger um Entwindung des Produkts als um Zwangsbindung an den Produktionsapparat.” Michel Foucault: Überwachen und Strafen. Die Geburt des Gefängnisses. Frankfurt/M. 1977, S. 197 (zit.: Foucault: Überwachen).

65 Walter Schönstedt: Kämpfende Jugend. Roman der arbeitenden Jugend. Berlin 1932. Reprint Berlin 1971, S. 8.
Brechts Haltung zur Gleichsetzung technischer Neuerungen mit sozialem und kulturellem Fortschritt möge seine Auseinandersetzung mit den „Medien” vor allem auch in der sogenannten „Radiotheorie” zwischen 1927 und 1932 belegen. Das Radio bezeichnet er

dort als „vorsintflutliche Erfindung" bezüglich der Resultate: Im Gegensatz zu den vielgepriesenen „Möglichkeiten" des neuen Kommunikationsmittels gebe es keinen neuen „Inhalt", kein neues gesellschaftliches Bedürfnis, für das diese Form hätte erfunden werden müssen. Es gab eine neue Möglichkeit, „etwas" zu sagen, aber eben kein neues „etwas". Vgl. Brecht: Radiotheorie 1927 - 1932. In: Ders.: was Bd. 18, S. 119 ff. Damit grenzt Brecht sich gegen alle Ideologien ab, die menschliche bzw. künstlerische „Entwicklungen" an Neuerungen der Technik knüpfen. Brecht kommentiert etwa Benjamins Vorstellung vom „Zerfall der Aura" von Kunstwerken durch ihre „technische Reproduzierbarkeit": „alles mystik, bei einer haltung gegen mystik. in solcher form wird die materialistische geschichtsauffassung adaptiert! es ist ziemlich grauenhaft!" B.Brecht: Arbeitsjournal. Hrsg.: Werner Hecht. Erster Band 1938 bis 1942. Zweiter Band 1942 bis 1955. 1 Band Anmerkungen von Werner Hecht. Frankfurt/M. 1973, Eintragung 25.7.1938 (zit.: Brecht: AJ).

66 Alexander Berkman: Die Kronstadt-Rebellion. In: Ernesto Grassi (Hrsg.): Texte des Sozialismus und Anarchismus. Die Rätebewegung. Bd. 2. Hamburg 1972, S. 178 ff.
67 Lenin: Lieber weniger, aber besser. In: Ders.: Werke, Bd. 33, S. 474.
68 Schmitt: Dokumente, S. 13.
69 ebd. S. 15.
70 Andrej Zdanov: Die Sowjetliteratur, die ideenreichste und fortschrittlichste Literatur der Welt. In: Schmitt: Dokumente, S. 43 ff.
71 Marx hatte in der „Deutschen Ideologie" das Eigentum mit der Teilung der Arbeit identifiziert, die ja nur gesellschaftlich, d.h. unter mehreren Individuen zu ver-teilen ist: „Die verschiedenen Entwicklungsstufen der Teilung der Arbeit sind ebensoviel verschiedene Formen des Eigentums." Eigentum kann also nur beseitigt werden durch Aufhebung der Arbeitsteilung. Zdanovs „gesellschaftliches" Eigentum, das hier als Sozialismus gepriesen wird, wäre dann „gesellschaftlich-gesellschaftliche Arbeitsteilung". Gesellschaftlicher gehts kaum noch. Vgl.: K.Marx / F.Engels: Werke. Hrsg. v. Institut für Marxismus-Leninismus beim ZK der SED. Berlin 1969, Bd. 3, S. 22 (zit.: MEW). Der Terminus „gesellschaftliches Eigentum" spiegelt nichts, aber er deutet auf etwas hin: daß trotz aller ideologischen Bemäntelungen das Eigentum und damit Arbeitsteilung und Ausbeutung weiterbestehen. Bereits 1939 wurden drei Viertel aller Arbeiter in der Sowjetunion im Akkordlohn bezahlt. Vgl. Miklós Haraszti: Stücklohn. Vorwort von H.Böll. Berlin 1975.
72 Schmitt: Dokumente, S. 205. Radeks Kritik an Joyce erinnert in mancher Hinsicht an Gertrud Alexanders Dada-Kritik, wo sie meint, „eine Sammlung von Perversitäten als Kultur- oder gar Kunstleistung auszustellen", sei „eine Frechheit". Vgl. G.Alexander: Dada. In: Fähnders / Rector: Literatur, S. 101.
73 Vgl.: Ilja Ehrenburg: Menschen, Jahre, Leben. Autobiographie. Bd. 2. München 1965, S. 40 ff.
74 André Malraux: Rede auf dem I. Allunionskongreß. In: Schmitt: Dokumente, S. 136 ff.
75 Jean-Richard Bloch: Rede auf dem I. Allunionskongreß. In: Schmitt: Dokumente, S. 233.
76 Vgl.: Willi Bredel: Rede auf dem I. Allunionskongreß, ebd. S. 214 ff.
77 Ilja Ehrenburg: Rede auf dem I. Allunionskongreß. In: Schmitt: Dokumente, S. 99 ff.
78 N.J.Bucharin: Schlußwort auf dem I.Allunionskongreß. In: Schmitt: Dokumente, S. 359 f.
79 Maksim Gor'kij: Über sowjetische Literatur. In: Schmitt: Dokumente, S. 81.
80 Schmitt: Dokumente, S. 81.
81 ebd.
82 ebd., S. 390.
83 Hans Jürgen Geerdts (Hrsg.): Deutsche Literaturgeschichte in einem Band. Berlin 1971, S. 573 f.
84 „Die Expressionismusdiskussion kann also allein von Lukács her nicht richtig eingeschätzt werden, sie ist insgesamt vor dem Hintergrund der Realismusdiskussion der 30er Jahre in der Sowjetunion und den wieder verstärkt einsetzenden Bemühungen um eine marxistische Aufarbeitung des literarischen Erbes auf der Basis der Bündnispolitik der Volksfrontbewegung zu sehen." Hans-Jürgen Schmitt (Hrsg.): Die Expressionismusdebatte. Frankfurt/M. 1973, S. 10 (zit. Schmitt: Expressionismusdebatte).

85 Wolfgang Abendroth: Sozialgeschichte der europäischen Arbeiterbewegung. Frankfurt/M. 1965, S. 130 ff.

86 Wolfgang Abendroth: Sozialgeschichte, S. 131.

87 Brecht Chronik, S. 62. Brechts Rede auf dem Kongreß, die in die Forderung mündet: „Kameraden, sprechen wir von den Eigentumsverhältnissen!" (Vgl.: Rede auf dem I. Schriftstellerkongreß zur Verteidigung der Kultur. In: Ders.: wa, Bd. 18, S. 141 ff.) war allerdings weder im Sinne der Komintern, die gerade davon nicht mehr reden wollte, noch im Sinne der linksbürgerlichen Kräfte, die davon ebenfalls nicht reden wollten.

88 Schmitt: Expressionismusdebatte, S. 12.

89 ebd., S. 13.

90 Schmitt weist darauf hin, daß A.Kurella Initiator der Diskussion war und nicht Lukács mit seinem 1934 veröffentlichten Aufsatz „Größe und Verfall des Expressionismus", den auch Paul Raabe, Helga Gallas und F.J.Raddatz für den Ausgangspunkt der Diskussion halten. Vgl. Schmitt: Expressionismusdebatte, S. 21 ff.

91 Vgl. Hildegard Brenner: Die Kunstpolitik des Nationalsozialismus. Reinbek bei Hamburg 1963, S. 108 ff. (zit.: Brenner: Kunstpolitik).

92 Schmitt führt aus, nachdem er diese Übereinstimmung festgestellt hat, bei den einen beruhe das Verdikt „dekadent" auf „marxistischen Auffassungen", bei den anderen das Verdikt „entartet" auf „moralisch-spießbürgerlicher Entrüstung". Vgl.: Schmitt: Expressionismusdebatte, S. 8. Man vergleiche dazu die Beiträge anderer Schriftsteller wie etwa Tucholskys Aufsatz „Die Rolle der Intellektuellen in der Partei" von 1929, in dem sich Tucholsky, der ja durchaus zur Zusammenarbeit mit allen antifaschistischen Kräften bereit war, über genau diese „moralisch-spießbürgerliche Entrüstung" der Funktionäre und „mittelmäßigen Bonzen wie Ebert" beklagte, die diese Zusammenarbeit unmöglich machen. Vgl.: Kurt Tucholsky: Die Rolle der Intellektuellen in der Partei. In: Ders.: Politische Texte. Reinbek bei Hamburg 1971, S. 93 ff.

93 Kurt Kersten differenziert mit seinem Beitrag in Das Wort 3 (1938) „Strömungen der expressionistischen Periode" den Expressionismusbegriff: „Es gab im Expressionismus vielmehr sehr verschiedene Richtungen; die Ströme flossen aus diesem gewaltsam aufgespeicherten Staubecken nach sehr verschiedenen Richtungen, es gab sehr differenzierte Erscheinungen, grundverschieden an Haltung, Temperament, Erkenntnisvermögen; der Widersprüche waren unendlich viele; Ludwig Rubiner widersprach Werfel, Ehrenstein war ein völlig anders geprägter Dichter als Däubler, zwischen Becker und Else Lasker-Schüler wird sich kaum Gemeinsames finden lassen, Kornfeld hatte gewiß nichts mit Heym gemein, wie Benn nichts mit Trakl oder Heynicke. Lassen sich Stramm und Schickele irgendwie vereinen? Selbst im Kreise der Dadaisten gab es Differenzen und Differenzierungen, (...)". In: Schmitt: Expressionismusdebatte, S. 96/97.

94 Mann hatte im Mai 1933 aus Südfrankreich an Benn geschrieben, worauf letzterer mit einem offenen Brief „Antwort an die literarische Emigration" reagierte, der am 14.5.1933 am Berliner Rundfunk und am folgenden Tag in der Deutschen Allgemeinen Zeitung veröffentlicht wurde und in dem sich Benn ebensowie in dem am 24. April gesendeten Rundfunkbeitrag „Der neue Staat und die Intellektuellen" offen für den Nationalsozialismus aussprach.
Walter Lennig: Gottfried Benn in Selbstzeugnissen und Bilddokumenten. Reinbek bei Hamburg 1962, S. 111.

95 Schmitt: Expressionismusdebatte, S. 47.

96 ebd., S. 51.

97 Schmitt: Expressionismusdebatte, S. 50. Herwarth Walden hält dem Urteil Kurellas entgegen, die Feststellung sei genauso richtig, daß alles, was gegen den Expressionismus kämpfte, zum Faschismus führte. Vgl. H.Walden: Vulgärexpressionismus. In: Das Wort 2 (1938). Zit. n.: Schmitt: Expressionismusdebatte, S. 78.

98 ebd., S. 58.

99 In den von Helmut Wagner und Karl Schröder zusammengestellten „Thesen über den Bolschewismus" heißt es: „Das tragende Prinzip der Politik des Bolschewismus ist die Organisation. Das Richtungsmaß der großen politischen Perspektive und ihrer Verwirklichung durch die Taktik der um die Macht kämpfenden bolschewistischen Organisationen ist

jakobinisch: Mobilisierung aller gesellschaftlich geeigneten Mittel und Kräfte zum Sturz des absolutistischen Gegners unter Anwendung sämtlicher Mittel, die Erfolg versprechen: Lavieren und paktieren mit jeder gesellschaftlichen Kraft, die selbst für die geringste Zeitspanne und den unbedeutendsten Kampfabschnitt ausgenutzt werden kann. Der Grundgedanke der Organisation des Bolschewismus ist jakobinisch: Schaffung einer straffen Organisation von Berufsrevolutionären, die ein militärisch-diszipliniertes und gefügiges Werkzeug eines allmächtigen Führertums ist und bleibt." In: Karl Schröder / Helmut Wagner: Thesen über den Bolschewismus. In: Rätekorrespondenz Nr. 3 (1934). Zit. nach: Thesen über den Bolschewismus (Reprint), These 21. Berlin o.J., S. 17. Schröder und Wagner gehörten der Widerstandsgruppe „Die roten Kämpfer" an, die aus der KAPD hervorging und im Kampf gegen den Faschismus und Stalinismus an die antiautoritär-föderalistischen Rätemodelle anknüpfte. Vgl. Olaf Ihlau: Die Roten Kämpfer. Ein Beitrag zur Geschichte der Arbeiterbewegung in der Weimarer Republik und im Dritten Reich. Meisenheim am Glan 1969.

100 „Am 11. Juni wurde die Anklageschrift gegen die POUM (trotzkistische Arbeitermiliz, der auch George Orwell angehörte, d.Verf.) bekanntgegeben. Darin hieß es: ‚Die Generallinie der Propaganda dieser Partei war die gewaltsame Beseitigung der Republik und ihrer demokratischen Regierung und die Errichtung einer Diktatur des Proletariats'. (...) Mehr noch: Die POUM habe — das bezog sich auf die Kritik an den Moskauer Prozessen — ‚die Sowjetjustiz angegriffen'. (...) Inhalt und Tonart der Anklageschrift erinnerten an die Drohungen der Prawda: Dieselbe Hand, die in Moskau die alte Garde der Bolschewisten erdrosselt hatte, erhob sich nun auch in Spanien." Pierre Broué / Emile Témine: Revolution und Krieg in Spanien. Geschichte des spanischen Bürgerkriegs. 1. Teil. Frankfurt/M. 1975, S. 367.

101 K.Kersten: Strömungen der expressionistischen Periode. In: Schmitt: Expressionismusdebatte, S. 101.

102 Vgl. Schmitt: Expressionismusdebatte, S. 155.

103 Ernst Bloch: Diskussion über Expressionismus. In: Das Wort 6 (1938). Zit. nach: Schmitt: Expressionismusdebatte, S. 180 ff.

104 Ernst Bloch, zit. nach: Schmitt: Expressionismusdebatte, S. 186.

105 „Obwohl sich G.Lukács immer zum sozialistischen Realismus bekannte, gibt er an keiner Stelle seines umfangreichen Werkes eine praktikable Definition dieser Methode. Das ist sicherlich nicht nur auf die Scheu des Wissenschaftlers vor Definitionen zurückzuführen. Sein Realismusbegriff blieb auf die großen Realisten des 19. Jahrhunderts orientiert, deren Gestaltungsart er für den sozialistischen Schriftsteller nutzbar zu machen versuchte." (Werner Mittenzwei: Die Brecht-Lukács-Debatte). Vgl. auch: Georg Lukács: Werke. Neuwied und Berlin 1965, insbes. Bd. 4: Probleme des Realismus I. Essays über Realismus; Bd. 6: Probleme des Realismus III, der historische Roman; Bd. 7: Deutsche Literatur in zwei Jahrhunderten; Bd. 10: Probleme der Ästhetik; Bd. 11: Ästhetik Teil 1, die Eigenart des Ästhetischen; Bd. 12: Ästhetik Teil I, 2. Halbband.

106 G.Lukács: Es geht um den Realismus. In: Das Wort 6 (1938), zit. nach: Schmitt: Expressionismusdebatte, S. 194 (zit.: Lukács: Realismus).

107 „Wenn Kunst und Wissenschaft einer identischen Wahrheit zugeordnet werden, bleibt die historische Unterordnung der Kunst unvermeidlich, ihre scheinbare Aufwertung zur Ebenbürtigkeit mit der Philosophie birgt in Wahrheit ihre Abwertung. Wenn bürgerliche Kunst eine besondere Antizipationsfähigkeit im historischen Prozeß zugesprochen wird und sie den Wissenschaften an Lebensnähe und Massenwirksamkeit überlegen sein soll, bleibt ihr Aussagehorizont doch auf das beschränkt, was die sozialistische Theorie auch ohne sie weiß. (...) Erkenntnis meint in dieser Konzeption die Bewußtwerdung einer immer schon im (vernünftigen) Gesamtprozeß garantierten objektiven Wahrheit." Burkhardt Lindner: Avantgardistische Ideologiezertrümmerung. Theorie und Praxis des Brechtschen Theaters am Beispiel der Faschismusparabeln. In: Klaus M. Bogdal / B. Lindner / Gerhard Plumpe (Hrsg.): Arbeitsfeld: Materialistische Literaturtheorie. Beiträge zu ihrer Gegenstandsbestimmung. Ffm. 1975, S. 233. (zit.: Lindner: Ideologiezertrümmerung).

108 Lukács: Realismus. In: Schmitt: Expressionismusdebatte, S. 205.

109 Walter Benjamin: Gespräche mit Brecht. Svendborger Notizen, 25. Juli 1938. In: Ders.:
Versuche über Brecht. Frankfurt/M. 3. Aufl. 1971, S. 132. In ‚Die Tat' Nr. 15 von 1923/
24 findet sich im Hinblick auf die damals aktuellen „proletarischen Kulturbestrebungen"
fast wörtlich das gleiche Urteil: „hier besorgen intellektuelle im instinktiven bewußtsein,
daß die klassenlose gesellschaft auch die trennung der menschen in wissende und unwissen-
de, in priester und volk, in führer und genasführte nicht kennen wird, die infizierung des
proletariats mit bürgerlichem Geist, die ihnen die positionen erhält." F.W. Seiwert: die
kultur und das proletariat. Zit. nach Bohnen/Backes: Seiwert Schriften, a bis z, S. 84.
110 Brecht: AJ, Juli 1938.
111 Brecht: Die Expressionismusdebatte. In: Ders.: wa Bd. 19, S. 291.
112 ebd., S. 317.
113 Am 7. Juli 1920 notiert Brecht in seinem Tagebuch bezüglich der Expressionisten: „Diese
Jünglinge, reicher an Worten und Gesten als die vorherigen Generationen, zeigten ganz
den spielerischen Unernst jeder Jeunesse d'orée, ihren Überdruß, den sie mit Pessimis-
mus, ihren Mangel an Verantwortlichkeitsgefühl, den sie mit Kühnheit, und ihre impoten-
te Unzuverlässigkeit, die sie mit Freiheit und Tatendrang verwechseln." Brecht: Tagebücher, S. 18.
114 Brecht: Die Essays von Georg Lukács. In: Ders.: wa Bd. 19, S. 298.
115 ebd., S. 305.
116 Brecht: Die Essays von Georg Lukács. In: Ders.: wa Bd. 19, S. 309.
117 ebd., S. 298.
118 ebd., S. 322.
119 Brecht: Kleines Organon für das Theater. In: Ders.: wa Bd. 16, S. 679.
120 Vgl. Mittenzwei: Brecht/Lukács-Debatte, S. 35.
121 Jan Knopf: Bertolt Brecht. Ein kritischer Forschungsbericht. Fragwürdiges in der Brecht-
Forschung. Frankfurt/M. 1974, S. 148 (zit.: Knopf: Brecht).

II. Lebendiges und Totes im Marxismus
Bertolt Brecht und Karl Korsch

Das Bekanntwerden der Freundschaft und zeitweilig sehr engen Zusammenarbeit Karl Korsch — Bertolt Brecht[1] hat unterschiedliche Reaktionen und Interpretationen zur Folge gehabt, paßt doch diese Tatsache schwerlich ins Bild verschiedener Brecht-Interpretationen in Ost und West.

Die Position der Brecht-Forschung in der DDR faßt Ernst Schumacher in Hinsicht auf Karl Korsch wie folgt zusammen: *„Es gibt keine vernichtendere Kritik an einer falschen, unfruchtbaren, folgenlosen Theorie der Arbeiterbewegung und einer sich marxistisch ausgebenden Philosophie als die, die Brecht an Korsch geübt hat, den einige Brecht-Forscher zum Marx Brechts umfälschen. Sie gipfelt in dem Vorwurf, sich der ‚wirklichen Bewegung' entzogen und die persönliche Freiheit der realen Freiheit und Befreiung vorgezogen zu haben."*[2]

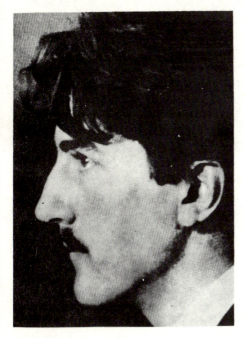

Karl Korsch.

Diese Reaktion ist nicht verwunderlich, wenn man weiß, daß Karl Korsch zu den entschiedenen Gegnern des „Leninismus" zählte, den er bereits in den 20er Jahren einer scharfen historischen Kritik unterzog.

Auch die bundesrepublikanische Brecht-Forschung hat mit Karl Korsch ihre Probleme. So erkennt Jan Knopf in Anlehnung an Begriffe Kurt Lenks[3] einen „realdialektisch" verfahrenden Brecht in der Verfremdung der großen Schaustücke des Exils sowie einen „idealdialektisch" verfahrenden Brecht in manchen theoretischen Äußerungen, wofür er Korsch verantwortlich macht.[4] Während Brüggemann Korschs Einfluß gerade auf Brechts ablehnende Haltung der Widerspiegelungstheorie gegenüber betont[5], so

ziehen die „Neuinterpreten" des Lehrstücktheaters um Reiner Steinweg [6] und die „alternative"-Redaktion [7] , die in gewisser Weise die
Widerspiegelungstheorie in Bezug auf die Lehrstücke ebenfalls ablehnen,
es vor, den Namen Korsch gar nicht zu erwähnen. Angesichts dieser
Situation erscheint es notwendig, auf die wesentlichen Stationen und
Gedankengänge Korschs hinzuweisen, denn es kann kein Zweifel mehr
daran bestehen, daß Brecht sich intensiv mit ihnen auseinandersetzte
und daraus beträchtlichen Gewinn für seine künstlerische Theorie und
Praxis zog.

Im Unterschied zu Brecht hatte Korsch als Mitglied der USPD und später KPD an den Nachkriegsereignissen aktiv teilgenommen, war im Oktober 1923 Justizminister der SPD-KPD-Koalitionsregierung in Thü-
ringen, trat aus Protest gegen den Einmarsch der Reichswehr zurück
und wurde im Dezember desselben Jahres bereits steckbrieflich ge-
sucht. [8] Etwa zur gleichen Zeit erschien sein Buch „Marxismus und
Philosophie".

Eine Situation, wie sie 1923 in Rußland und Europa bestand und von
der Korsch in seinen Überlegungen ausgehen mußte, war nach marxistischen Geschichtstheorien nicht vor(her)gesehen und letztlich „unmöglich": Im halbfeudalen Rußland hatte eine soziale Revolution stattgefunden, in deren Verlauf eine kommunistische Partei zur Macht gelangt war, die nun behauptete, den Sozialismus aufzubauen, obwohl
dies (nach deren eigener Theorie) „objektiv" gar nicht sein konnte,
wohingegen in Mitteleuropa, wo theoretisch alle „objektiven" Bedingungen für eine revolutionäre Beseitigung bürgerlich-kapitalistischer
Lebens- und Wirtschaftsformen gegeben waren, die soziale Revolution
erfolglos geblieben war. Damit waren nicht nur alle Konstruktionen eines „objektiv-notwendigen" Geschichtsverlaufs erschüttert, es galt da-
rüberhinaus auch, sich neue Gedanken zum Verhältnis von Bewußtsein und Sein, zum Verhältnis von Subjektivität und Objektivität zu
machen. Deshalb verstand Korsch sein 1923 erschienenes Buch zunächst vor allem als *„dialektische Absage an jenen ‚naiven Realismus',
mit dem ‚der sogenannte gesunde Menschenverstand, dieser ärgste Meta-
physiker', und mit ihm auch die gewöhnliche ‚positive Wissenschaft'
der bürgerlichen Gesellschaft und in ihrer Nachfolge leider auch der
heutige, von allem philosophischen Denken verlassene ‚Vulgärmarxis-
mus', zwischen dem Bewußtsein und seinem Gegenstand eine scharfe
Trennungslinie zieht und das Bewußtsein (wie Engels noch im Jahre
1878 bei Dühring kritisch angekreidet hat) als etwas Gegebenes, von
vornherein dem Sein, der Natur Entgegengesetztes, so hinnimmt."*[9]

Korschs zuvor geäußerte ad-hoc-Erklärung, 1918/19 sei eben der „subjektive Faktor" hinter der „objektiven Situation" zurückgeblieben [10], war wenig tragfähig, wußte er doch selbst, daß in Bezug auf Krisen- und Revolutionstheorien sogar die Sozialdemokratie 30 Jahre lang im „Krisenabschnitt" des Erfurter Programms „eine ganz besonders revolutionäre, an radikaler Klarheit noch heute kaum zu übertreffende Krisentheorie" [11] besaß. Damit hatte sich die SPD, die von Korsch für das Scheitern der Revolution mitverantwortlich gemacht wurde, trotz partiell „richtiger" Theorie „falsch" verhalten; zudem war die These vom „Zurückbleiben des subjektiven Faktors" auch deshalb wenig ergiebig, weil ja gerade die Ereignisse der Jahre 1918 - 23 gezeigt hatten, wie sehr das Bewußtsein ein „objektiver" Faktor war. Nur über die Auseinandersetzung mit den „allgemeinen erkenntniskritischen und methodologischen Grundlagen der marxistischen Theorie" [12] selbst glaubte Korsch die Situation der 20er Jahre adäquat begreifen zu können.

War die um 1923 existierende Lage in Mitteleuropa und Rußland in den verschiedenen marxistischen Theorien (wieder einmal) nicht „vor-(her)gesehen" [13], so konnte Korschs kritische Untersuchung des Verhältnisses von sozialistischer Theorie und Praxis nicht vor dem Marxismus und auch nicht vor den „Begründern des wissenschaftlichen Sozialismus" selbst haltmachen. Eine „undogmatische und antidogmatische, historische und kritische, und also im eigentlichen Sinne des Wortes materialistische Auffassung des Marxismus", also eine *„Anwendung der materialistischen Geschichtsauffassung auf die materialistische Geschichtsauffassung selbst"* [14] war die Aufgabe, die er sich 1923 stellte.

Dabei sah er den Marxismus drei verschiedene Entwicklungsphasen durchlaufen [15], die in einem je ganz bestimmten Verhältnis zur geschichtlichen Entwicklung der revolutionären Arbeiterbewegung standen. Marx und Engels hatten ihre Theorie weder voraussetzungslos entwickelt, noch war sie für alle Zeiten gültig, sie war für Korsch in ihrer ursprünglichen Form vielmehr die ,andere Seite' der Entstehung der revolutionären proletarischen Klassenbewegung; beide Seiten zusammen erst bilden die „konkrete Totalität" des geschichtlichen Prozesses. [16] Einsicht in die „Totalität des geschichtlichen Prozesses" bedeutet somit hier nicht wie etwa bei Dietzgen Einsicht in „Alles", es bedeutet nicht „systematische Weltweisheit" [17], es bedeutet für Korsch vielmehr Erkenntnis der *Einheit* der je vorhandenen materiellen Mittel und der zugehörigen Bewußtseinsformen. Auch Marx hatte in den „Thesen ad Feuerbach", an die Korsch wieder anknüpft, dem bisherigen Materialismus den Vorwurf gemacht, „den Gegenstand, die

Wirklichkeit, Sinnlichkeit nur unter der Form des Objekts oder der Anschauung, nicht aber als sinnlich menschliche Tätigkeit, Praxis, nicht subjektiv"[18] gefaßt zu haben. Marx hatte allerdings *später* betont, daß der „Gegen-stand" wiederum „Produkt" menschlicher Tätigkeit sei; es scheint also, daß Marx nur die „subjektive Seite" etwas mehr betont hat, denn dieses „Produkt" wird ihm wieder zum „Gegen-Stand" und die Summe der Produkte ergibt dann die „Um-stände", deren Priorität für Marx gleichwohl bestehen bleibt, in denen gar gewisse „Gesetze" (von Engels „weiterentwickelt" zu Gesetzen der Natur, Geschichte, Ökonomie, Gesellschaft etc.) herrschen und ihrerseits die Subjekte wieder zu ihren „Produkten" machen sollen.[19]

Ob in der Einheit der geschichtlichen Prozesse ein Faktor „objektiv" oder „subjektiv" ist, ist Korsch im wahrsten Sinne des Wortes ‚egal'; die Hierarchie der Trennungen der Wirklichkeit in „subjektive" und „objektive" Ebenen, in Geist und Materie, in Basis und Überbau sind für Korsch allenfalls logische, nicht chronologisch-kausale Trennungen; es ist ihm damit unmöglich geworden, die Geschichte im Sinne des Kausalitätsprinzips auf eine dieser *logischen* Ebenen (etwa die Ebene der Entwicklung der Produktionskräfte) zu reduzieren und alles andere für einen bloßen Reflex oder eine letztlich für den Verlauf der Geschichte belanglose „subjektive Widerspiegelung" zu halten.[20]

Daraus nun folgert Korsch, daß in der Einheit des geschichtlichen Prozesses zwischen dem Bewußtsein und seinem Gegenstand keine scharfe Trennungslinie bestehe, sondern daß „Bewußtsein und Wirklichkeit zusammenfallen"[21] in dem Sinn, daß das je vorhandene Bewußtsein der Menschen als „realer, wirklicher, wenn auch geistig-ideeller Teil dieser natürlichen und geschichtlich-gesellschaftlichen Welt in dieser Welt mitten darin sei."[22]

Das Bewußtsein ist so für Korsch kein scharf abgegrenzter Gegenstand wie etwa ein Spiegel, in dem sich die Objekte „richtig" oder auch „falsch" abbilden könnten; Erkennen ist auch nicht passive „Anschauung", sondern immer ganz konkrete *Tätigkeit*, die die Wirklichkeit, deren Teil ja das Bewußtsein ist, verändert.[23]

Bewußtsein kann für einen Materialisten wie Korsch nun über die Erfahrung entstehen, und die Erfahrung kann nur eine Erfahrung der Dinge sein. Eine „Erkenntnis" ohne praktische menschlich-sinnliche Erfahrung, also ohne veränderndes Tun, ist für Korsch dann „Ideologie", und da Erfahrung immer nur Erfahrung bestimmter Menschen sein kann, so folgert er daraus die historische Spezifität *jeder* Erkenntnis.

„Ideologie" in diesem Sinne hat also nichts mit „richtig" oder „falsch", mit „subjektiv" oder „objektiv" zu tun; entscheidend für Korsch ist, ob es sich um begriffene (auf den Begriff gebrachte) historisch-konkrete Praxis handelt (= Theorie), oder um fertig übernommene („vermittelte") „Weltanschauung" (=Ideologie). Demnach kann aber auch eine Ideologie materieller Bestandteil der Wirklichkeit sein. [24]

Hier liegt der aktivistische Kern des Erkenntnisbegriffs Korschs: Indem er Bewußtsein ausschließlich als Bewußtsein der eigenen Praxis, die immer nur eine Tätigkeit, eine Aktion bzw. praktisch-gegenständliche Umwälzung sein kann, definiert [25], wird für ihn auch die Frage nach „objektiver Wahrheit" zu einer reinen Praxisfrage. [26]

Hier entsteht allerdings eine folgenreiche Differenz Korschs zu Marx: Indem Erkennen als eine Tätigkeit, als „geistig-materielle Aktion" und nicht so sehr als „Produktion" aufgefaßt wird, so kann auch der „Sozialismus" nicht ein ein für allemal fertiggestelltes „Produkt", sondern allenfalls ein verändertes und veränderndes Tun sein.

Indem Korsch also mit der Welt der „objektiven Wissenschaft" aufräumt und Erkennen als verändernde Tätigkeit begreift[27], die nur im konkreten Handeln ihren „Wahrheitsgehalt" erweisen kann, stellt er eine Grundannahme des bürgerlichen wie auch des historisch-materialistischen Weltverständnisses in Frage: Daß nämlich Natur wie Gesellschaft kausal determiniert, daß alle Naturerscheinungen aus „unveränderlichen, mit Notwendigkeit wirkenden Gesetzen"[28] abzuleiten seien. „Sollten wir nicht einfach sagen, daß wir nichts erkennen können, was wir nicht verändern können, noch das, was uns nicht verändert"[29], formulierte Brecht zweifellos in Anlehnung an Korsch, ohne sich freilich festzulegen. Bejaht man allerdings diese Frage Brechts, so ist es sowohl unmöglich als auch gänzlich uninteressant, „unveränderliche, mit Notwendigkeit wirkende Gesetze" erkennen zu wollen — unveränderliche „Naturgesetze" wären dann unerkennbar.

Es war der Ideologiebegriff, der Korsch die erbitterte Feindschaft der marxistischen Ideologen eintrug, und die Entwicklung des „Leninismus" zur Ideologie konnte Korsch nur in seinem Verständnis des Verhältnisses von Theorie und Praxis bestätigen. Hatte er sich 1923 noch weitgehend mit der russischen KP identifiziert, so schien ihm 1930 der „Leninismus" als neue Spielart der alten Marx-Orthodoxie, als verschwindende geschichtliche Gestalt der Ideologie der II. Internationale. [30] Den Grund dafür sah er in der bei Lenin wieder aufgenommenen mechanischen Entgegensetzung von Bewußtsein und Materie, wie sie in Lenins 1908 verfaßter und 1927 in deutscher Sprache herausgegebenen Schrift „Materialismus und Empiriokritizismus" erscheint. [31]

„Indem Lenin und die seinen die Dialektik wieder einseitig in das Objekt, in die „Natur" verlegen und die Erkenntnis als eine bloße passive Widerspiegelung und Abbildung dieses ,objektiven' Seins in dem ,subjektiven' Bewußtsein bezeichnen, zerstören sie tatsächlich jedes dialektische Verhältnis zwischen dem Sein und dem Bewußtsein, und in einer notwendigen Konsequenz hiervon dann auch das dialektische Verhältnis von Theorie und Praxis." [32]

Diese „Widerspiegelungstheorie" war — für Korsch — Legitimationsgrundlage sowohl für die Ideologie des „Marxismus-Leninismus" einschließlich der Kunsttheorie des sogenannten „Sozialistischen Realismus" als auch für die unbeschränkte Herrschaft der Bolschewistischen Partei *über* das Proletariat und die Bauernschaft. Ist das Bewegungsmoment der Dialektik einseitig ins Objekt verlegt und somit „objektiv" geworden, so gibt es auch „objektiv richtige" und „objektiv falsche" Erkenntnisse an sich.

Die Erkenntnis wird zu einem „unendlichen Prozeß der Annäherung an die absolute Wahrheit" [33], und da die bürgerlichen Intellektuellen — die Bolschewiki waren fast ausnahmslos bürgerliche Intellektuelle — in diesem Prozeß die größte Übung haben, muß ihnen quasi automatisch die „Führung der Revolution" zufallen. Josef Stalin konnte dann diese Auffassung auch theoretisch auf die Spitze treiben, ohne etwas „abändern" oder „verfälschen" zu müssen. [34]

Hält man sich die Konsequenzen der bereits 1923 in „Marxismus und Philosophie" theoretisch angelegten Entwicklung Korschs vor Augen, so kann es kaum mehr verwundern, daß Sinowjew auf dem 5. Weltkongreß der Kommunistischen Internationale im Juni 1924 in Moskau, auf dem auch die „Bolschewisierung" [35] der kommunistischen Partei beschlossen wurde, Korsch (und auch Lukács) scharf angriff. [36]

Lukács hatte 1923 in „Geschichte und Klassenbewußtsein" ähnliche Überlegungen wie Korsch angestellt. Auch er rückt den Gesichtspunkt der „konkreten Totalität" einer jeweils geschichtlich bestimmten Gesellschaftsformation in den Mittelpunkt der Betrachtungen [37], greift dann aber auf die Kategorie der „Wechselwirkung" zwischen den verschiedenen Momenten der Wirklichkeit zurück, die über die gegenseitige Beeinflussung ansonsten unveränderlicher Objekte hinausgehe. [38]

Ende April 1926 wurde Korsch schließlich aus der KPD ausgeschlossen, während Lukács unter der Voraussetzung des Widerrufs Parteimitglied bleiben durfte.

Nicht nur Karl Korsch, sondern auch andere beschäftigten sich zu Beginn der 20er Jahre mit der Frage nach dem Verhältnis von Bewußtsein und Sein. So wird für Ernst Bloch am Beispiel des deutschen Bauernkrieges die gegenseitige Durchdringung und Abhängigkeit der jeweiligen Produktionsweisen und der zugehörigen Gesinnungskomplexe deutlich. Auch er bestreitet die mechanisch-kausale Abhängigkeit des „Überbaus" von der jeweiligen Produktionsweise; zudem hält er die Zeitstruktur beider nicht für identisch und auch nicht für kontinuierlich, eine Erscheinung, die er später mit dem Begriff der „Ungleichzeitigkeit" bezeichnet.[39]

Die Aktualität der von Korsch und anderen behandelten Problematik mag man daran ersehen, daß diese Probleme heute wieder Ausgangspunkt etwa der Untersuchungen des französischen Historikers und Philosophen Michel Foucault oder des amerikanischen Wissenschaftstheoretikers Paul Feyerabend[40]sind.

Ab 1928, dem mutmaßlichen Zeitpunkt der ersten Begegnung Brecht/ Korsch, bekundete Brecht ein reges Interesse an den von Karl Korsch aufgeworfenen Fragen. Es bestand jedoch ein wesentlicher Unterschied zwischen Brecht und Korsch: „Im Gegensatz zu vielen meiner heutigen Kampfgenossen bin ich sozusagen auf kaltem Wege zu meiner marxistischen Einstellung gekommen."[41] Mitte der 20er Jahre wollte er ein Stück über die Weizenbörse Chicagos schreiben, fand aber niemanden, der ihm die Funktion derselben hinreichend erklären konnte und begann, die ökonomischen Schriften von Karl Marx zu studieren[42], während Korsch zu diesem Zeitpunkt seine *eigenen* Erfahrungen theoretisch verarbeitete. Im Me-Ti notiert Brecht: *„Der Philosoph Ko (Korsch, d.Verf.) anerkannte, daß die Klasse der Arbeiter und Bauern niemals in der Geschichte einen solchen Erfolg errungen hatte, als in Su unter der Führung des Mi-en-leh (Lenin, d.Verf.) und seines Vereins. Jedoch legte er Wert auf die Feststellung, daß die Erfolge des Mi-en-leh für die Arbeiter und Bauern einem Vorgehen verdankt wurden, das große Nachteile und mögliche zukünftige Mißerfolge für die Arbeiter und Bauern zeitigte. (...) Die von Ko selber vorgeschlagenen Prinzipien zeigten eine deutliche Schwäche, wo Mi-en-lehs Prinzipien ihre Stärken hatten, aber er bezeichnete vorzüglich die Schwächen der Prinzipien des Mi-en-leh, den er im Gegensatz seinen Schülern immer mit der größten Achtung behandelte."[43]*

Demnach bezog Brecht in *einigen* prinzipiellen Fragen nicht nur eine kritische Position gegenüber Lenin, sondern auch gegenüber seinem „Lehrer in Sachen Marxismus".

In den von Korsch geleiteten Studienzirkeln zeigte sich Brecht *„am meisten engagiert bei der Frage nach dem Verhältnis von objektiver Gesetzmäßigkeit und subjektiver Aktion, von Determinismus und praktischem Eingriff in den historischen Prozeß."* [44]

Diese Fragestellung lag zu Beginn der 30er Jahre angesichts der sich verschärfenden sozialen Situation nahe; es war dies zugleich die Frage danach, ob die sich verschärfenden Widersprüche des kapitalistischen Wirtschaftssystems mit immanenter Zwangsläufigkeit dessen Zusammenbruch bewerkstelligen würden, oder ob dieses Ende bewußt und gewollt herbeigeführt, d.h., erkämpft werden mußte. Zu einem von Korsch nicht ohne List in die Diskussion eingebrachten Test aus Lenins Schrift „Der ökonomische Inhalt der Volkstümlerrichtung und die Kritik an ihr in dem Buch des Herrn Struve" von 1894 [45] formulierte Brecht mehrfach Thesen; ganz ähnlich wie Korsch um 1920 gelangt Brecht Anfang der 30er Jahre anhand dieses frühen Textes von Lenin zu dem Ergebnis: „Wenn du davon sprichst, was einen Prozeß determiniert, so vergiß nicht dich selbst als einen der determinierenden Faktoren", [46] und bezieht somit eindeutig Stellung gegen rein objektivistische Weltanschauungen. Allerdings geht er zu diesem Zeitpunkt auch nicht weiter als der junge Lenin; es ist noch nichts gesagt über das Verhältnis von Sein und Bewußtsein als „Spiegel" des Seins, es geht vorläufig nur um die Einbeziehung des Subjekts in die Reihe der Tatsachen, um die „gegebene Art von Notwendigkeit gründlicher und vollständiger" [47] zu beschreiben, als dies die „reinen Objektivisten" tun. Zumindest bis Mitte der 30er Jahre steht also Brecht auf dem Boden einer kritischen Sympathie zum jungen Lenin.

Weit mehr als theoretische Überlegungen und die Kritik Korschs an der Verflachung der aktivistischen Bestandteile des jungen Lenin zum sogenannten „Leninismus" hat wahrscheinlich die Erfahrung des Faschismus Brecht jeder Spielart „objektivistischer Weltanschauung" entfremdet.

Die organisierte Arbeiterbewegung einschließlich der KPD hatte den Faschismus nicht aufzuhalten, ja ihm nicht einmal ernsthaften Widerstand entgegenzusetzen vermocht, und ausgerechnet die KPD, die jahrelang in ihrer Propaganda die Faschisten als Hauptfeinde der

Menschheit zu bezeichnen gewohnt war (wobei sich bekanntlich die Definition, wer alles zu den Faschisten zu rechnen sei, bisweilen änderte), war so wenig auf die dann erfolgte faschistische Machtergreifung vorbereitet, daß die Polizei die meisten Funktionäre in deren legaler Wohnung abholen konnte. Für die metaphysische Geschichtsgewißheit einiger Kommunisten endlich, die im Hitler-Faschismus die „Vorstufe" zur unmittelbar bevorstehenden sozialistischen Revolution sahen, hatte Brecht nur bitteren Spott übrig. [48]

Ebenso wie die Auffassung vom Bewußtsein als Spiegel objektiv ablaufender Prozesse war spätestens 1933 die Vorstellung von der Übertragbarkeit fertiger Theorien oder Gedankensysteme auf jede beliebige Situation in irgendeinem Land unhaltbar geworden. Von „der Lehre" paßt ein Satz zum anderen; die Frage nach der historischen Spezifität war die Frage, welcher Satz hier zum Augenblick paßt [49]; Brecht selbst formulierte den „spezifischen Marxismus" [50] als Begriff und anerkannte so die Position Korschs, daß nur eigene menschlich-sinnliche Tätigkeit zu brauchbaren Erkenntnissen führen kann. Auf das Theater übertragen bedeutet das, daß nur die eigene Tätigkeit des Zuschauers, das eigene eingreifende und die vorgezeigten Modelle verändernde Denken, die geistige (und auch praktische) Aktion im Sinne konkreten bildlichen Montage-Denkens zu verwertbaren Ergebnissen für jeden einzelnen Zuschauer führen kann. Die „Verfremdung", die dem Zuschauer diese Tätigkeit ermöglichen soll, ist also auch eine erkenntnistheoretische Kategorie.

Die Mitte der 30er Jahre erkennbare Abwendung Korschs von der Dialektik [51] machte Brecht indessen eindeutig nicht mit. „die gute alte dialektik halte ich für noch nicht so überwunden und vorsintflutlich, ich glaube, sie wird den ganzen kampf der arbeiterklasse noch zu führen haben; ihre trübung ist eine erscheinung, die wohl nur von der momentanen schwächung der proletarischen bewegung herrührt." [52]

So sehr Brecht in den 30er Jahren auch die Trübung und „Verschlammung" [53] des Marxismus beklagte, hielt er die Dialektik doch immer noch für die einzig adäquate Methode, sich in einer differenzierten kapitalistischen Gesellschaft zu orientieren. [54] Allerdings betonte er, es sei „hohe zeit, daß die dialektik aus der wirklichkeit abgeleitet wird, anstatt daß man sie aus der geistesgeschichte ableitet und aus der wirklichkeit nur beispiele für die gesetze auswählt." [55]

„Der Dialektiker arbeitet bei allen Erscheinungen und Prozessen das Widerspruchsvolle heraus, er denkt kritisch, d.h., er bringt in seinem

Denken die Erscheinungen in ihre Krise, um sie fassen zu können."[56] In diesem Sinne nennt Brecht die Dialektik auch „eingreifendes Denken."[57]

Der Einfluß Korschs auf Brecht ist somit in dreierlei Hinsicht wirksam geworden; er gilt

1. für Brechts nach 1935 ausgearbeitete Theorie des Theaters als eines Ortes historisch-spezifischer Tätigkeit, wo der Zuschauer die gezeigten Modelle verändern und in die Krise bringen kann;

2. für Brechts Ablehnung geschlossener objektivistischer Weltanschauungen zugunsten eines spezifischen Marxismus, sowie

3. für Brechts Ablehnung der Widerspiegelungstheorie des „Sozialistischen Realismus".[58]

Anmerkungen

1 Nach Martin Esslins Hinweis auf Brechts „Lehrer in Sachen Marxismus" (vgl. Martin Esslin: Brecht. Das Paradox des politischen Dichters. 3. Aufl. München 1973, S. 53) konnte Wolfdietrich Rasch 1963, gestützt auf den unveröffentlichten Briefwechsel, die Übereinstimmung Brechts mit manchen Theoremen Korschs belegen. Vgl. Wolfdietrich Rasch: Bertolt Brechts marxistischer Lehrer. Zum ungedruckten Briefwechsel zwischen Bertolt Brecht und Karl Korsch. In: Merkur 17, 1963, S. 988 - 1003. Klaus-Detlef Müller dagegen geht zweifellos zu weit, wenn er Korsch als „unbedingte Autorität in allen Fragen des Marxismus" für Brecht aufbaut. Klaus-Detlef Müller: Die Funktion der Geschichte im Werk Bertolt Brechts. Studien zum Verhältnis von Marxismus und Ästhetik. Tübingen 1967, S. 27.
Nach Brüggemanns Belegen kann es keinen Zweifel mehr geben, daß beide eine lebenslange Freundschaft verband. Vgl. Brüggemann: Literarische Technik. Der Zeitpunkt der ersten Begegnung Brecht-Korsch läßt sich offenbar nicht mehr eindeutig rekonstruieren; Buckmiller datiert ihn auf Herbst 1928. Vgl. Buckmiller, Michael: Zeittafel zu Karl Korsch – Leben und Werk (zit.: Buckmiller: Zeittafel). In: Claudio Pozzoli (Hrsg.): Jahrbuch Arbeiterbewegung. Bd. 1: Über Karl Korsch. Frankfurt/M. 1973, S. 104 (zit.: Jahrbuch 1). Brecht nahm zwischen 1928 und 1933 an verschiedenen freien Arbeitskreisen und Diskussionszirkeln teil, die Korsch veranstaltete: Ein Arbeitskreis tagte in Brechts Wohnung.

2 Ernst Schumacher: Brecht und seine Bedeutung für die Gesellschaft der siebziger Jahre. Zit. nach: Reinhold Grimm / Jost Hermand (Hrsg.): Brecht. Jahrbuch 1974. Frankfurt/M. 1975, S. 74, Anm. 4. Vgl. auch Werner Mittenzwei: Erprobung einer neuen Methode. Zur ästhetischen Position Bertolt Brechts. In: Positionen. Beiträge zur marxistischen Literaturtheorie. Leipzig 1969, S. 613 ff. Ferner: Ingeborg Münz-Koenen: Brecht in westdeutschen Publikationen. In: Weimarer Beiträge. 15. Jahrgang, Nr. 1, Berlin/Weimar 1969, S. 123 ff.

3 Kurt Lenk: Dialektik bei Marx. Erinnerung an den Ursprung der kritischen Gesellschaftstheorie. In: Soziale Welt 19, 1968, S. 279 - 289.

4 Knopf: Brecht, S. 149 ff.

5 Brüggemann: Literarische Technik, S. 133.

6 Reiner Steinweg: Das Lehrstück Brechts. Theorie einer politisch-ästhetischen Erziehung. Stuttgart. 2. verbess. Aufl. 1976, sowie ders.: Brechts Modell der Lehrstücke. Zeugnisse, Diskussionen, Erfahrungen. Frankfurt/M. 1976 (zit.: Steinweg: Modell) sowie ders.: Bertolt Brecht: Die Maßnahme. Kritische Ausgabe mit einer Spielanleitung. 2. korr. Aufl. 1976 (zit.: Steinweg: Maßnahme).

7 Große und Kleine Pädagogik. Brechts Modell der Lehrstücke. alternative 78/79 (zit.: alternative), sowie Brecht-Materialien I. Zur Lehrstückdiskussion. alternative 91.

8 Vgl. Buckmiller: Zeittafel, S. 103.

9 Karl Korsch: Marxismus und Philosophie. Herausgegeben und eingeleitet von Erich Gerlach. Frankfurt/Main 1966, S. 53 (zit.: Korsch: Marxismus).

10 So etwa in seinem Aufsatz „Grundsätzliches über Sozialisierung" von 1920, zuerst erschienen in „Der Arbeiterrat" und „Die Tat". Nachgedruckt in: Ders.: Schriften zur Sozialisierung, Frankfurt/M. 1969, S. 69 (zit.: Korsch: Schriften).

11 Ders.: Über einige grundsätzliche Voraussetzungen für eine materialistische Diskussion der Krisentheorie. Zuerst erschienen in: Proletarier, Zeitschrift für Theorie und Praxis des Rätekommunismus Nr. 1, Februar 1933, zit. nach: Ders./ Mattick / Pannekoek: Zusammenbruchstheorie des Kapitalismus oder revolutionäres Subjekt. Berlin 1973, S. 91.

12 Die Reihe historischer Fehlprognosen im Zusammenhang mit Revolutionen tritt mit bemerkenswerter Häufigkeit gerade bei denjenigen auf, die sich im Besitz der Kenntnisse der „Gesetze der geschichtlichen Entwicklung" wähnen, also vor allem auch bei „Marxisten"; sie kann durchaus bis zu Marx selbst zurückverfolgt werden. Weder hat sich in irgendeinem der hochentwickelten Industrienationen eine proletarische Revolution durchgesetzt (die siegreichen Revolutionen dieses Jahrhunderts waren die Bauernrevolutionen Asiens, wobei Rußland in gewissem Sinn eine „Zwischenstellung" eingenommen hat), noch hat der Kapitalismus „mit Naturnotwendigkeit" revolutionär oder evolutionär den

Sozialismus hervorgebracht. Den amerikanischen Bürgerkrieg sah Marx als Beginn einer „neuen Epoche der Machtentfaltung für die Arbeiterklasse" an. Vgl. Karl Marx: An Abraham Lincoln, Präsident der Vereinigten Staaten von Amerika, 30.12.1864. In: Marx/ Engels: Studienausgabe in 4 Bänden. Hrsg. von Iring Fetscher. Bd. 4: Geschichte und Politik, Frankfurt/M. 1966, S. 192 f (zit.: Marx / Engels: Studienausgabe).
1848 glaubte Marx an das unmittelbare Bevorstehen einer kommunistischen Revolution in Deutschland. Vgl. Marx / Engels: Manifest der kommunistischen Partei. In: MEW Bd. 4, S. 461 ff.

13 Korsch: Marxismus, S. 34/35.

14 Korsch: Marxismus, S. 34/35.

15 Korsch unterteilt die Geschichte des Marxismus *nach* seiner ursprünglichen Entstehung in folgende Abschnitte: 1. von der Kritik der Hegelschen Rechtsphilosophie bis zum Kommunistischen Manifest (1843 - 1848); 2. von der Juni-Schlacht des Jahres 1848 bis zur Jahrhundertwende und 3. bis zur Gegenwart, also bis 1923. Vgl. Korsch: Marxismus, S. 97/ 98. Auf die Problematik solcher Phaseneinteilung kann hier nicht eingegangen werden; sie war Korsch selbst allerdings bewußt.

16 Korsch: Marxismus, S. 87.

17 „Dieser ratlosen Zerfahrenheit gegenüber ist die internationale Sozialdemokratie stolz darauf, einen ‚letzten Grund' zu haben, auf den sich alles gründet, einen wissenschaftlichen Grund für alles, systematische Weltweisheit zu besitzen. Wir bekunden unsere prinzipielle Überlegenheit praktisch und offenbar durch die geschlossene Einhelligkeit unserer Bestrebungen und Forderungen (...). Im allgemeinen, in Prinzipien und Theorien stehen wir einig, geschlossen, Mann an Mann, weil wir das haben, was Alt- und Neukatholiken, Reformierte und Aufgeklärte haben möchten: Wir haben System. Der Anfang und das Ende aller Weisheit ist uns genau bekannt." J. Dietzgen: Kleinere Philosophische Schriften. Stuttgart 1903, S. 71, zit. nach: Hans Peter Duerr: Ni dieu – ni mètre. Anarchistische Bemerkungen zur Bewußtseins- und Erkenntnistheorie. Frankfurt/M. 1974, S. 89 f.

18 Karl Marx: Thesen über Feuerbach. 1. These. In: MEW Bd. 3, S. 5 (verfaßt 1845).

19 Konsequenterweise unterscheidet sich „der Mensch" denn auch bei Marx durch Arbeit = Produktion vom Tier. Vgl. Marx/Engels: Kommunistisches Manifest (1848). In: MEW Bd. 4, S. 461 ff. Lt. Engels werden die Menschen nach erfolgter Revolution dann die „objektiven, fremden Mächte" mit Sachkenntnis beherrschen und „ihre Geschichte mit vollem Bewußtsein selbst machen", heißt es in dem Aufsatz „Die Entwicklung des Sozialismus von der Utopie zur Wissenschaft." Er scheint nicht bemerkt zu haben, daß er damit genau jene Metaphysik vertritt, die der „wissenschaftliche" Sozialismus angeblich bekämpfen will. Vgl. F.Engels: Die Entwicklung des Sozialismus von der Utopie zur Wissenschaft. In: K.Marx / F.Engels: Ausgewählte Schriften in zwei Bänden. Berlin, 16. Aufl. 1968, S. 80 ff. Die hier gewissermaßen auf die Spitze getriebene bürgerliche Produktionsideologie des „Homo faber", die bei Marx und Engels zu finden ist (und die man auch dahingehend interpretieren kann, daß Menschen, die *nicht* produzieren, eben keine Menschen sind, sich *nicht* von Tieren unterscheiden), sollte Korsch bei seiner Beurteilung der „Entwicklungsphasen" und vor allem in den nach 1933 verfaßten Schriften eingehender interessieren.

20 „Wir könnten, indem wir diese Denkweise (die der kausalen Trennungen, d.Verf.) zur größeren Deutlichkeit ein wenig zuspitzen, geradezu sagen, es gibt für sie drei Abstufungen von Wirklichkeit: 1. die wirkliche und letzten Endes einzig reale, überhaupt nicht ideologische Wirklichkeit der Ökonomie; 2. die schon nicht mehr ganz so wirkliche, vielmehr die schon bis zu einem gewissen Grade ideologisch verkleidete Wirklichkeit von Recht und Staat; 3. die gänzlich gegenstandslose und unwirkliche ‚reine Ideologie' (der ‚reine Blödsinn')". Korsch: Marxismus, S. 122.
Ein Materialismus im Sinne einer Erklärung der Welt „aus einem einzigen Prinzip" (vgl. Friedrich Albert Lange: Geschichte des Materialismus. Frankfurt/M. 1974, Bd. 1, S. 7) mußte Korsch letztlich höchst fragwürdig werden (zit.: Lange: Materialismus).

21 Korsch: Marxismus, S. 128.

22 ebd., S. 131.

23 „Nicht in der ‚menschlichen Praxis' allein, sondern nur ‚in der menschlichen Praxis und im Begreifen dieser Praxis' liegt für den dialektischen Materialisten Marx die rationale Lösung für alle Mysterien, welche die ‚Theorie zum Mystizismus verleiten'." Die 11. Feuerbachthese war nach Korschs Ansicht keine Absage an die Philosophie schlechthin, sondern eine „schroffe Absage an alle solche philosophische oder wissenschaftliche Theorie, die nicht zugleich Praxis ist, und zwar wirkliche, irdische, diesseitige, menschliche Praxis." Korsch: Marxismus, S. 132 f.

24 Wenn die Menschen etwa im Mittelalter an Gott glaubten, so war das kein „reiner Blödsinn", sondern ein höchst materieller Faktor, der das Leben dieser Menschen mit beeinflußte, ebenso wie die mörderische Rassentheorie der Nationalsozialisten kein wahnsinniges „Hirngespinst" war, sondern höchst wirkungsvoll zur Vernichtung von Millionen von Menschen beitrug.

25 Vgl. Korsch: Marxismus, S. 131 ff.

26 Korsch bezieht sich hier wieder auf die Thesen ad Feuerbach: „Die Frage, ob dem menschlichen Denken gegenständliche Wahrheit zukomme, ist keine Frage der Theorie, sondern eine praktische Frage. In der Praxis muß der Mensch die Wahrheit, d.h. die Wirklichkeit und Macht, die Diesseitigkeit seines Denkens beweisen. Der Streit über die Wirklichkeit oder Nichtwirklichkeit eines Denkens, das sich von der Praxis isoliert, ist eine rein scholastische Frage." MEW Bd. 3, S. 533.

27 Brecht hat auch darauf hingewiesen, daß gerade die Faschisten wie kaum eine andere Partei bereit waren, das Denken als ein Verhalten, als kriminelle *Handlung*, zu betrachten und entsprechend zu sanktionieren. Vgl. ders.: Notizen zur Philosophie. In: Ders.: wa Bd. 20, S. 167.

28 Vgl. Lange: Materialismus, Bd. 1, S. 42.
„Marx hatte die materialistische Geschichtsauffassung 1859 verkündet – demselben Jahr, das die Veröffentlichung von Darwins ‚Ursprung der Arten' und die Behauptung der Existenz von Eiszeitmenschen durch Evans, Falconer und Prestwich erlebte." Vgl. Gordon Childe: Soziale Evolution. Frankfurt/M. 1975, S. 21.

29 Vgl. Brecht: wa Bd. 20, S. 140.

30 Korsch: Marxismus, S. 71.

31 Lenin schreibt dort in einer Kritik an Bogdanov: „Das gesellschaftliche Sein – darin besteht die Lehre von Marx, (...) das Bewußtsein widerspiegelt überhaupt das Sein – das ist eine allgemeine These des gesamten Materialismus." In: Lenin: Werke, Bd. 14, S. 326. Wenig später heißt es: „Der Materialismus überhaupt anerkennt das objektiv reale Sein (die Materie), das unabhängig ist vom Bewußtsein, der Empfindung, der Erfahrung usw. der Menschheit. Der historische Materialismus anerkennt das gesellschaftliche Sein als unabhängig vom gesellschaftlichen Bewußtsein der Menschheit. Das Bewußtsein ist hier wie dort nur das Abbild des Seins, bestenfalls sein annähernd getreues (adäquates, idealexaktes) Abbild." ebd., S. 329.

32 Korsch: Marxismus, S. 62.

33 ebd., S. 62.

34 „Der Marxismus faßt die Gesetze der Wissenschaft – ganz gleich, ob es sich um Gesetze der Naturwissenschaft oder um Gesetze der politischen Ökonomie handelt, – als die Widerspiegelung objektiver, unabhängig vom Willen der Menschen vor sich gehender Prozesse auf. Die Menschen können diese Gesetze entdecken, sie erkennen, sie erforschen, sie in ihrem Handeln berücksichtigen, sie im Interesse der Gesellschaft ausnutzen, aber sie können diese Gesetze nicht verändern oder aufheben. Um so weniger können sie neue Gesetze der Wissenschaft aufstellen oder schaffen. (...) Das gleiche ist von den Gesetzen der ökonomischen Entwicklung, von den Gesetzen der politischen Ökonomie zu sagen – ganz gleich, ob es sich um die Periode des Kapitalismus oder um die Periode des Sozialismus handelt. Die Gesetze der ökonomischen Entwicklung sind hier ebenso wie in der Naturwissenschaft objektive Gesetze, die die Lehre von den unabhängig vom Willen der Menschen sich vollziehenden Prozesse der ökonomischen Entwicklung widerspiegeln." Josef Stalin: Probleme des Sozialismus in der UdSSR. 6. Aufl. Berlin 1955, S. 4/5.

35 Die „Bolschewisierung" bedeutete die Säuberung der kommunistischen Parteien von allen spontaneistischen und oppositionellen Kräften sowie die Auswechslung des hauptamtli-

chen Funktionärsapparates der KPD, da dieser für die bisherigen Mißerfolge verantwortlich gemacht wurde. Vgl. Flechtheim: Die KPD, S. 215 ff.

36 Vgl. Buckmiller: Marxismus, S. 68.

37 „Die dialektische Methode bei Marx geht auf die Erkenntnis der Gesellschaft als Totalität aus." Georg Lukács: Geschichte und Klassenbewußtsein. Studien über materialistische Dialektik. Neuwied-Berlin 1970, Neuausgabe, S. 95.

38 „Wenn die Wechselwirkung als bloße gegenseitige kausale Einwirkung zweier sonst unveränderlicher Gegenstände aufgefaßt würde, so kämen wir der Erkenntnis der Wirklichkeit um keinen Schritt näher, als die eindeutigen Kausalreihen des vulgären Materialismus (oder die funktionellen Beziehungen des Mechanismus usw.) geführt haben." ebd. S. 76.

39 „Denn das ökonomische Begehren ist zwar das nüchternste und stetigste, aber nicht das einzige, nicht das andauernd stärkste, auch nicht das eigentümlichste Motiv der menschlichen Seele, vor allem nicht in religiös erregten Zeiten. Nicht nur freischwebende Willensrichtungen, sondern eben auch völlig allgemein ergreifende, mindestens soziologisch reale Gebilde geistiger Art stehen dem ökonomischen Geschehnis jederzeit wirksam entgegen oder zur Seite. Der Zustand der jeweiligen Produktionsweise ist an sich schon, als Wirtschaftsgesinnung, abhängig von höheren, gleichzeitig mitgegebenen Gesinnungskomplexen, vorab, wie Max Weber zeigte, solchen religiöser Art; dergestalt, daß die Wirtschaftsweise bald genug selber mit Überbau geladen ist und in ihrem selbständigen Vollzug den wirksamen Eintritt kulturell-religiöser Inhalte bedingt, keinesfalls aber die Inhalte ihrerseits allein erzeugt. Als wäre der Unterbau ohne Wechselwirkung mit nationalen Eigenschaften, mit übergebliebenen Ideologien früherer Wirtschaftsverhältnisse, mit der Ideologie der heraufkommenden Gesellschaft, deren Überbau doch mehrenteils schon ausgereifter da war als der wirtschaftliche Unterbau, dessen Reife erst nachfolgte. Und schließlich besteht, von der jeweils revolutionären Klasse perzipiert, die Fernbeeinflussung von Seiten eines selbständigen, wenn auch nicht historischen, so doch historisch-postulativen, ‚geschichtsphilosophischen' Gangs eines Geistig-Religiösen, als der – wie oft auch gebrochenen – Selbsterziehung des Menschengeschlechts. Dergestalt reicht also die rein ökonomische Betrachtung nicht aus, um allein nur den Eintritt eines historischen Ereignisses von der Wucht des Bauernkrieges vollkommen, restlos konditional oder kausal zu erklären, geschweige denn, daß ihre Analyse imstande wäre, die tieferen Inhalte der hier aufglühenden Menschengeschichte und das Wachtraumbild des Anti-Wolfs, eines endlich brüderlichen Reichs aufzulösen, herabzustürzen, seines originären Charakters zu entkleiden, zu reflektieren und ins rein Ideologische zu entrealisieren. Marx selber gesteht den Schwärmereien wenigstens am Beginn jeder großen Revolution das Ihre zu: Sofern die neuen Herren sich römisch, sich wieder heidnisch fühlten, sofern die deutschen Bauern, später noch die Puritaner dem Alten Testament Sprache, Leidenschaften und Illusionen für ihre bürgerliche Revolution entlehnten und sofern selbst noch die Französische Revolution sich mit Namen, Schlachtparolen, Kostümen des römischen Konsulats und Kaiserreichs drapierte; Marx selber also gibt den ‚weltgeschichtlichen Totenbeschwörungen' wenigstens die Realität des Antriebs, so positivistisch er auch sonstwie den Kommunismus aus Theologie in Nationalökonomie und nichts als diese verengte, ihm derart den vollen, sowohl historisch überlieferten wie sachlich eingeborenen Umfang seines chiliastischen Begriffs entziehend." Ernst Bloch: Thomas Müntzer, Frankfurt/M. 1972, S 55/56; Erstveröffentlichung 1921. Vgl. auch: Ders.: Politische Wirkungen der Ungleichzeitigkeit. In: Ders.: Erbschaft dieser Zeit. Erw. Ausg. Frankfurt/M. 1962, S. 112 ff.

40 Paul Feyerabend: Wider den Methodenzwang. Skizze einer anarchistischen Erkenntnistheorie. Frankfurt/M. 1976 (zit.: Feyerabend: Methodenzwang).

41 Brecht, wa Bd. 20, S. 96.

42 ebd., S. 46.

43 Brecht, wa Bd. 12, S. 537.

44 Heinz Brüggemann: Bert Brecht und Karl Korsch. Fragen nach Lebendigem und Totem im Marxismus. In: Jahrbuch 1, a.a.O., S. 180.

45 In diesem frühen Text unterscheidet Lenin zwischen objektivistischer und materialistischer Einstellung zur geschichtlichen Entwicklung. Danach anerkennt der Objektivist die Zwangsläufigkeit historischer Prozesse, wohingegen der Materialist die gegebenen ökono-

mischen und sozialen Formationen genau untersucht, um auf der Basis der konkreten antagonistischen Verhältnisse in den Prozeß eingreifen zu können. Vgl.: Lenin, Werke Bd. 1, S. 339 - 528. Daraus schloß Korsch (ähnlich wie 10 Jahre später Brecht) auf ein überaus aktivistisches Element bei Lenin. Erst später erkannte Korsch, daß dies keine prinzipielle Aufhebung des Objektivismus, sondern nur eine bessere Begründung derselben war, die allerdings dem Subjekt eine größere Rolle beimaß als dies der spätere „Leninismus" tat.

46 Brecht, wa Bd. 20, S. 70.
47 ebd., S. 68.
48 „Am ehesten unberührt mögen die gewesen sein, die sich als Baumeister des Kommunismus betrachten, diesen als die unvermeidliche ‚nächste' gesellschaftliche Formation erwarteten und das Proletariat als die Leute ansahen, die ihn zu ‚verwirklichen' hatten. Sie sahen den Faschismus an, und siehe, es war noch nicht die nächste Formation: Sie mußte also noch kommen. Aus den Propheten für morgen wurden sie einfach die von übermorgen." B.Brecht: Einfluß der Gegenrevolution: In: Ders.: wa Bd. 20, S. 93.
49 ebd., S. 97.
50 ebd., S. 71.
51 In den „Thesen über Hegel und die Revolution" heißt es bei Korsch: „Die von Marx-Engels vollbrachte, von Lenin erneuerte ‚Hinüberrettung' der bewußten Dialektik aus der deutschen idealistischen Philosophie in die materialistische Auffassung der Natur und Geschichte, aus der bürgerlichen in die proletarische Revolutionstheorie hat – geschichtlich und theoretisch – nur den Charakter eines Übergangs. Was damit geschaffen ist, ist eine Theorie der proletarischen Revolution, nicht wie sie sich auf ihrer eigenen Basis entwickelt hat, sondern umgekehrt, wie sie eben aus der bürgerlichen Revolution hervorgeht, die also in jeder Beziehung, im Inhalt und in der Methode, noch behaftet ist mit den Muttermalen des Jakobinismus, der bürgerlichen Revolutionstheorie." In: Der Gegner, 1932, zit. nach: Hans Jörg Viesel: Ist mit dem Staat noch Staat zu machen? In: Unter dem Pflaster liegt der Strand. Bd. 2. Berlin 1975, S. 167.
52 In: Brecht-Korsch Briefwechsel, datiert: Januar 1934.
53 Brecht an Korsch 1938.
54 Brecht: AJ Bd. 1, S. 88.
55 Brecht: AJ Bd. 1, S. 88.
56 Brecht: wa Bd. 16, S. 794.
57 „Das eingreifende Denken. Die Dialektik als jene Einteilung, Anordnung, Betrachtungsweise der Welt, die durch Aufzeigung ihrer umwälzenden Widersprüche das Eingreifen ermöglicht." In: Brecht, wa Bd. 20, S. 170/71.
58 Vgl. Brüggemann: Literarische Technik, S. 78.

III. Lehrstücktheater und „nicht-aristotelische Ästhetik"

Entpsychologisierung des Theaters

„1968 - 1976: Seit 1968 sind die Zwanziger Jahre ausführlich rezipiert. Die teilhatten an den sozialen Bewegungen suchten ihre Tradition. Was fanden sie bei Brecht? Nachdem der Brecht-Boykott von 1961 durchbrochen war, wurde das Brecht-Bild der sechziger Jahre wesentlich bestimmt durch die Inszenierungen von Peter Palitzsch, in Fortführung und parallel zu den Arbeiten des Berliner Ensembles, insbesondere von Manfred Wekwerth. Gegenstand waren vornehmlich die klassischen Stücke aus der Exilzeit. Gegen sie mußte sich nach 1967 richten, was neue Wege suchte. Gegen die Stücke, die Gesellschaft demonstrierten, aber keinen Raum ließen für die eigene Demonstration, die erklärten, aber das lief ab wie Wasser. Was blieb? Die frühen Stücke. In München entstand eine neue dramatische Literatur: Martin Sperr, Rainer Werner Fassbinder und Franz Xaver Kroetz. Sie waren nicht von Brecht, sondern von Horváth angemacht. Brecht blieb eine Über-Aufgabe. Und sie waren Marieluise Fleisser zugetan, die in Ingolstadt lebte. Hier waren Formen gefunden, die Sprachlosigkeit der Unterdrückten zum Sprechen zu bringen. Es waren Qualitäten, die wohl Brecht bei der Fleisser gefunden hatte, die er aber wegschnitt, unterdrückte und damit ihre Entwicklung knickte. Die Erfahrung, wie Brecht gegen die Fleisser vorging, stand am Anfang der neuen Beschäftigung mit Brecht. Was er unterschlug, war wieder freizulegen.

Nach den Aufbrüchen von 1968 folgte eine ausführliche Beschäftigung mit den Schriften und der Tagespolitik von Lenin, die an seinem 100. Geburtstag im April 1970 kulminierte. Getragen von dem Bedürfnis, in einer Zeit, die sich bereits wieder des Aufbruchs versagte, den für alle Oppositionellen gemeinsamen verpflichtenden (entweder-oder) Boden zu formulieren. Dieses Bemühen fand sein ästhetisches Bild in der Eröffnungspremiere der Schaubühne am Halleschen Ufer im Oktober 1970, getragen von einem großen Bedürfnis nach Tradition, die die Giehse weiterzugeben versprach.

Die Aufführung versprach Zusicherung in die neue Theaterarbeit. In den Raum, der sich hier zu öffnen schien, stieß ein Jahr später die von Reiner Steinweg eröffnete Diskussion um die Lehrstücke. Sie bedienten noch das allgemeine Bedürfnis nach Schulung und waren doch geeignet, die Phase aufzulösen. Hierher gehört auch die Aufführung von „Turandot" in Frankfurt am Theater am Turm, Reflexion zugleich über die Frankfurter Schule." [1]

Die von Reiner Steinweg[2] anfang der 70er Jahre eröffnete Diskussion hat das Brechtsche „Lehrstücktheater" [3] , wie es zwischen 1929 und 1935 entwickelt wurde, zum Gegenstand; dabei geht Steinweg von der These aus (der sich die ‚alternative'-Redaktion bald anschloß), genau dies sei das konkrete Modell sich selbst zu „Geistesathleten" erziehender und nur für sich selbst spielender „Produzenten-Kollektive", wohingegen die großen Stücke des Exils mehr oder weniger „Kompromißformen" darstellten — damit betrachten er und seine Anhänger Brecht insgesamt durch die Brille der Lehrstücktheorie und tun damit das gleiche wie die von ihnen so geschmähte „versagende bürgerliche Literaturwissenschaft" [4] , der allerdings der Brecht der frühen 30er Jahre der „Verklärer und Heiligsprecher der stalinistischen Partei"[5] ist.

Der ostdeutsche Marxist Werner Mittenzwei weist denn auch solche Deutungen als das Ausspielen einer Einseitigkeit gegen eine andere zurück, wenngleich er auf seine Weise die entscheidenden Brüche in Brechts Theorie und Praxis zu „Übergangsphasen" herunterspielt, um so die große „Entwicklungslinie des sozialistischen Klassikers" zum „erweiterten Lehrstücktheater" der späteren Jahre zu retten.[6]

Daß hier politische Standorte eine beträchtliche Rolle spielen, soll Gegenstand des letzten Kapitels sein; allen gemeinsam ist, daß ihnen wesentliche, gerade heute (wieder) aktuelle Dimensionen der späteren brechtschen Ästhetik aus dem Blick geraten, um die es hier gerade gehen soll. Untersucht man nämlich die Brüche in der ästhetischen Form, so wird man bald feststellen, daß sie zu ganz beträchtlichen Änderungen des Inhalts führen, vorausgesetzt natürlich, man betrachtet die Trennung Form/Inhalt als analytisch — in der Realität sagen Form und Inhalt eins aus.

Walter Benjamin, dessen Interpretationen großen Einfluß auf die Brecht-Rezeption der Nachkriegszeit hatten, bezeichnete in den 30er Jahren (!) die „Verschüttung der Orchestra" als Wesensmerkmal des modernen epischen Theaters: *„Der Abgrund, der die Spieler vom Publikum wie die Toten von den Lebendigen scheidet, der Abgrund, dessen Schweigen im Schauspiel die Erhabenheit, dessen Klingen in der Oper den Rausch steigert, dieser Abgrund, der unter allen Elementen der Bühne die Spuren ihres sakralen Ursprungs am unverwischbarsten trägt, ist funktionslos geworden."* [7]

Eine Konsequenz solcher Überlegung konnte sein, den Graben zuzuschütten und die Zuschauer zu Mitspielern zu machen. Brecht vollzog diesen Schritt mit der Lehrstücktheorie: „Das Lehrstück lehrt dadurch, daß es gespielt, nicht dadurch, daß es gesehen wird." [8]

In dem vermutlich um 1930 verfaßten Fragment „Die Große und die Kleine Pädagogik" konkretisiert Brecht seine Vorstellungen von zwei verschiedenen Pädagogien: *„die Große Pädagogik verändert die rolle des spielens vollständig. sie hebt das system spieler und zuschauer auf. sie kennt nur mehr spieler die zugleich studierende sind. nach dem grundgesetz, wo das interesse des einzelnen das interesse des staates ist, bestimmt die begriffene geste die handlungweise des einzelnen, wird das imitierende spielen zu einem hauptbestandteil der pädagogik. demgegenüber führt die Kleine Pädagogik in der übergangszeit der ersten revolution lediglich eine demokratisierung des theaters durch. die zweiteilung bleibt im grunde bestehen, jedoch sollen die spieler möglichst aus laien bestehen (die rollen so sein, daß die laien laien bleiben müssen), berufsschauspieler samt dem bestehenden theaterapparat zum zweck der schwächung der bürgerlichen ideologischen positionen im bürgerlichen theater selber verwendet und das publikum aktiviert werden. stücke und darstellungsart sollen den zuschauer in einen staatsmann verwandeln. deshalb soll im zuschauer nicht an das gefühl appelliert werden, das ihm erlauben würde, ästhetisch abzureagieren, sondern an seine ratio, die schauspieler müssen dem zuschauer figuren und vorgänge entfremden, so daß sie ihm auffallen. der zuschauer muß partei ergreifen statt sich zu identifizieren."* [9]

An diesem Text wird deutlich, daß mit der Großen und der Kleinen Pädagogik zwei grundverschiedene Formen des Theaters gegeben sind, zwischen denen keine Verbindung besteht; man mag durchaus bezweifeln, ob für das Lehrstücktheater im engen Sinn der Großen Pädagogik überhaupt noch der Begriff „Theater" angebracht ist, denn die Große Pädagogik hat weder mit dem bürgerlichen noch mit dem späteren „nicht-aristotelischen Theater" des Exils etwas zu tun.

Das wird vor allem auch da deutlich, wo Brecht sich Gedanken über den „Nutznießer" des Lehrstücktheaters macht, denn letztlich nützt dieses Theater, allen „Neuinterpretationen" zum Trotz, nicht in erster Linie den Spielern (Zuschauer gibt es ja nicht mehr), sondern – dem Staat! Es handelt sich um Staats-Theater:

„Die bürgerlichen Philosophen machen einen großen Unterschied zwischen den Tätigen und den Betrachtenden. Diesen Unterschied macht der Denkende nicht. Wenn man diesen Unterschied macht, dann über-

läßt man die Politik dem Tätigen und die Philosophie dem Betrachten-
den, während doch in Wirklichkeit die Politiker Philosophen und die
Philosophen Politiker sein müssen. Zwischen der wahren Philosophie
und der wahren Politik ist kein Unterschied. Auf diese Erkenntnis
folgt der Vorschlag des Denkenden, die jungen Leute durch Theater-
spielen zu erziehen, das heißt, sie zugleich zu Tätigen und Betrachten-
den zu machen, wie es in den Vorschriften für die Pädagogien vorge-
schlagen ist. Die Lust am Betrachten allein ist für den Staat schädlich;
ebenso aber die Lust an der Tat allein. Indem die jungen Leute im Spie-
le Taten vollbringen, die ihrer eigenen Betrachtung unterworfen sind,
werden sie für den Staat erzogen. Diese Spiele müssen so erfunden und
so ausgeführt werden, daß der Staat einen Nutzen hat. Über den Wert
eines Satzes oder einer Geste oder einer Handlung entscheidet also
nicht die Schönheit, sondern: ob der Staat Nutzen davon hat, wenn
die Spielenden den Satz sprechen, die Geste ausführen und sich in die
Handlung begeben. Der Nutzen, den der Staat haben soll, könnte al-
lerdings von platten Köpfen sehr verkleinert werden, wenn sie zum Bei-
spiel die Spielenden nur solche Handlungen vollführen lassen würden,
die ihnen sozial erscheinen. Aber gerade die Darstellung des Asozialen
durch den werdenden Bürger des Staates ist dem Staat sehr nützlich,
besonders wenn sie nach genauen und großartigen Mustern ausgeführt
werden. Der Staat kann die asozialen Triebe des Menschen am besten
dadurch verbessern, daß er sie, die von der Furcht und der Unkennt-
nis kommen, in einer möglichst vollendeten und dem einzelnen selb-
ständig beinah unerreichbaren Form von jedem erzwingt. Dies ist die
Grundlage des Gedankens, das Theaterspielen in Pädagogien zu verwen-
den.'' [10]

Man kann sicher endlos darüber streiten, ob Brecht hier einen bestimmten existierenden Staat oder vielmehr einen erst noch zu errichtenden
idealen „Zukunftsstaat" im Auge hatte; fest steht indessen, daß Brecht
mit der „nicht-aristotelischen Ästhetik", wie sie im „Messingkauf"
und im „Kleinen Organon für das Theater" konzipiert ist, seine „Lehrstücktheorie" ausdrücklich zurücknimmt – und zwar nicht aufgrund
tagespolitisch bedingter vorläufiger Kompromisse, sondern grundsätzlich. Im Exil scheint sich Brecht wieder auf einen Satz besonnen zu
haben, den er bereits 1926 notierte: „Ein Theater ohne Kontakt mit
dem Publikum ist ein Nonsens" [11], und die „nicht-aristotelische Ästhetik" ist nicht zum Nutzen irgendeines idealen oder weniger idealen
Staates, sondern ausdrücklich zum Nutzen des Zuschauers entworfen
und erprobt worden.

Es ist nun kein unmittelbarer Zusammenhang zwischen dieser Neuorientierung und Brechts zweitem Moskau-Besuch im Jahre 1935 nachzuweisen, jedoch die Tatsache, daß Brecht sich ausgerechnet darüber kaum schriftlich geäußert hat, spricht für sich. Am Vorabend der großen Prozesse trifft er in Moskau noch einmal die Vertreter des revolutionären Theaters (Edward Gordon Craig aus Frankreich, Erwin Piscator aus Paris, Mei Lan-fang aus Peking sowie Stanislawski, Majerhol'd, Tairoff, Eisenstein und Tretjakov)[12] , von denen er einige nie wieder sehen sollte, während die Spur Carola Nehers sich bereits zu dieser Zeit in den Gefängnissen der geheimen Staatspolizei verliert. Der Dichter, der im Exil immer nur etwas hörte (,,wie ich hörte" – diese ständig wiederkehrende Formel!), sieht nun etwas: Die Wirklichkeit Moskaus am Vorabend einer neuen großen Säuberung tritt ihm unmittelbar sinnlich erfahrbar entgegen; und es ist nicht anzunehmen, daß er nichts davon bemerkt haben sollte, auch nicht, daß er in diesem ,,Lehrstück" mitzuspielen gedachte. Möglicherweise hat der krasse Widerspruch zwischen dem bisher Gehörten und dem, was er in Moskau sieht, mit dazu beigetragen, auch seine künstlerische Praxis zu modifizieren – er geht wieder auf Distanz und schreibt 1948, die Ergebnisse der Überlegungen im Exil zusammenfassend: ,,*Widerrufen wir also, wohl zum allgemeinen Bedauern, unsere Absicht, aus dem Reich des Wohlgefälligen zu emigrieren, und bekunden wir, zu noch allgemeinerem Bedauern, nunmehr die Absicht, uns in diesem Reich niederzulassen.*" [13]

Auch in den zwischen 1935 und 1948 angestellten Überlegungen zu einer neuen Ästhetik soll die Tätigkeit der Theaterbesucher gefördert, nach wie vor soll die ,,aristotelische Einfühlung"[14] verhindert werden. Allerdings ist nun nicht mehr die Tätigkeit des Mitspielens wie in der Lehrstücktheorie gemeint, sondern die Betätigung der Sinne – im Theater also vor allem der Augen und Ohren – nicht zum Stieren oder Lauschen, sondern zum Schauen und Hören. Der Anreiz zum Gebrauch der Sinne des Zuschauers erscheint Brecht nunmehr als ,,nobelste Funktion, die wir für das Theater gefunden haben." [15]

Da die Sinnlichkeit immer einen ,,Gegenstand" braucht, oder anders: Da Erfahrung immer nur *jemandes* Erfahrung von *Etwas* sein kann, ist die Trennung von Publikum und Spiel notwendig.

Nicht die Trennung der menschlichen Fähigkeiten in rationelle und emotionelle ist für Brechts Theater nach 1935 wichtig, sondern die Trennung der im Theater vom Schauspieler präsentierten menschlichsinnlichen *Tätigkeit* von der des Zuschauers. Der Zuschauer soll die Gefühle etwa des Lear ebensowenig wie der Schauspieler selbst haben, er soll auch nichts „nachvollziehen", weder Spieler noch Zuschauer *sind* Lear[16] ; der Zuschauer soll sich vielmehr jederzeit bewußt bleiben, daß die in ihm entstehenden Gefühle seine Gefühle sind, die er hat, wenn er eine bestimmte Tätigkeit des Lear, präsentiert von einem bestimmten Schauspieler mit ebenfalls eigenen Empfindungen, sinnlich genießt. Eine solche Haltung des bewußten Beobachtens ist (für Brecht) die adäquate Haltung der „Kinder eines wissenschaftlichen Zeitalters". [17]

von: Man Ray

Während also im Lehrstück die Identifikation mit dem *eigenen* Tun, der eigenen Tätigkeit im Mitspiel, verhindert werden soll, so ermöglicht erst der wieder eingeführte Abstand (erste unbedingt notwendige, aber noch keineswegs hinreichende Bedingung für den von Brecht nach 1935 erstmalig verwendeten Begriff der „Verfremdung") die nun geforderte praktisch-sinnliche Tätigkeit des Zuschauers, indem sie ihn in die distanziert-beobachtende Haltung des Naturwissenschaftlers einer „planetarischen Demonstration" gegenüber versetzt. Obwohl die künstlerisch-technischen Mittel in Lehr- und Schaustück teilweise die gleichen sind, werden doch gänzlich unterschiedliche Wirkungen erzeugt. Damit gehört der „Verfremdungs-Begriff" zeitlich und inhaltlich in die nicht-aristotelische Ästhetik und keineswegs in die Lehrstücktheorie.

Im nicht-aristotelischen Theater werden also Experimente veranstaltet, Modellsituationen durchprobiert, die, indem sie Ein*sichten* (von sehen) gewähren, eine ganz bestimmte Art von Denken beim Zuschauer provozieren sollen, nämlich ein sinnliches, bildliches Denken und kein abstraktes „nachvollziehen" von Theorien oder „ableiten" von Sätzen.

„Denn im Theater soll eine bestimmte Betrachtungsweise gelehrt werden, eine einschätzende, aufmerksame Haltung den Vorgängen gegenüber und eine Fähigkeit, rasch die undeutlichen Menschengruppen nach dem Sinn des Vorgangs zu ordnen," formulierte Brecht in seinen Vorstellungen „Über Bühnenbau und Musik des epischen Theaters." [19] Nicht nur der Schauspieler, sondern auch der Bühnenbildner hat „seine Abbilder also für kritische Augen aufzubauen, und sind die Augen nicht kritisch, so hat er sie kritisch zu machen". [20] Selbst noch in Bezug auf die architektonischen und bildnerischen Elemente, die für den Bau des Spielfeldes und der Bühne zu verwenden sind, fordert Brecht: „Der Beschauer muß imstande sein, im Geist die Elemente auszuwechseln, also zu montieren."[21] Dem entspricht die Tätigkeit des Schauspielers: Er hat kein fertiges Produkt, eine Abbildung etwa, herzustellen; Brechts Theater ist kein Spiegel.[22] Unschwer ist hier Korschs Axiom vom Erkennen als „menschlich-sinnliche Tätigkeit, die die Wirklichkeit in dem Maße erkennt, indem sie sie (montierend) verändert", wiederzufinden.

Dieses Theater steht der Wirklichkeit nicht gegenüber, sondern ist realer Teil der Wirklichkeit und als solcher mitten in der Welt drin [23]. Die große Leidenschaft des „Produzierens" im Sinne Korschs, der kritischen, weil tätig-verändernden *Haltung* gegenüber Natur und Gesellschaft soll in Brechts Theater befriedigt werden. „Eine neue Gesellschaftswissenschaft entwickeln und praktizieren"[24] ist die Absicht, deshalb soll das Theater so nahe wie möglich an die Lehr- und Publikationsstätten rücken. Die alte Forderung der Avantgarde nach Verschmelzung von Alltag, Kunst und Wissenschaft wird von Brecht modifiziert („die kunst ist ein autonomer bezirk wenn auch unter keinen umständen ein autarker") [25] und auf der Basis des Korsch'schen Begriffs einer neuen Gesellschaftswissenschaft[26] quasi durch die Hintertür wieder eingeholt. Paul Feyerabend[27] hat darauf hingewiesen, daß diese von Brecht wieder aufgenommene Forderung nicht als einfache Addition von allen möglichen Künsten und Wissenschaften aufzufassen sei, um „systematische Weltweisheit" zu erlangen — Brecht hat die Trennung in einzelne Wissenschaften *historisch* als fortschrittlich aufgefaßt — es kommt ihm auch nicht mehr auf Verkündigung irgendwelcher Lehrsätze an (den Zugang zu Abstraktionen will er gerade verhindern) [28], es geht vielmehr um die Sichtbarmachung der Wirkung einer Erkenntnis in ihrer praktischen sozialen Anwendung.

Nimmt man den Satz Korschs ernst, daß das Bewußtsein als realer Teil der Welt in dieser geschichtlich-gesellschaftlichen Welt mitten darin sei, wenn also nichts in das Bewußtsein gelangen kann außer über die

Caspar Neher: Baal.

Sinne, wenn folglich das Bewußtsein ein von ihm selbst geschiedenes, ihm gegenüberstehendes sinnlich erfahrbares „Etwas" braucht, so bedeutet das auch fürs Theater als Teil dieser Wirklichkeit, daß das Bewußtsein des Zuschauers nicht in eine andere Person und/oder in eine andere Zeit schlüpfen und sich mit einer historischen Person identifizieren kann, sondern daß es dem Darsteller und dem Dargestellten jederzeit gegenüber steht. Dies ist für Brecht das Verhalten des experimentierenden Naturwissenschaftlers der Neuzeit, der sich in sein Experiment nicht „einlebt" oder „einfühlt", sondern es bewußt und distanziert beobachtet — mit dem Unterschied, daß der Naturwissenschaftler „Idealfälle" in seinen Experimenten konstruieren, also „äußere Einflüsse" ausschalten muß.

„Die gesellschaftlichen Bewegungsgesetze können nicht an den ‚Ideal-
fällen' demonstriert werden, da die ‚Unreinheit' (Widersprüchlichkeit)
gerade zu Bewegung und Bewegtem gehört. Es ist nur nötig – dies aber
unbedingt –, daß im großen und ganzen so etwas wie Experimentier-
bedingungen geschaffen werden, das heißt, daß jeweils ein Gegenexpe-
riment denkbar ist. Wird doch die Gesellschaft überhaupt hier so be-
handelt, als mache sie, was sie macht, als ein Experiment." [29]

Die Betonung des Experimentcharakters der Handlungen ist nur dann
möglich, wenn der Begriff „Abbildung" nicht ein der „Wirklichkeit"
entsprechendes, möglichst detailliertes „Spiegelbild" meint, also die
„Wirklichkeit" repräsentativ verdoppeln will, sondern vielmehr die Tätigkeit des Abbildens selbst, auf dem Theater also das Tun der Schauspieler, bezeichnet. Die Lenkung der Sinne des Zuschauers auf die Vorgänge, auf das „was zwischen den Menschen vorgeht"[30], also die Beobachtung des *Zwischenraums* und nicht die Einladung, sich „in die Fabel
wie in einen Fluß zu werfen"[31], läßt sich praktisch nur dann lösen,
wenn der Fabel selbst alles Sensationelle, alle „Höhepunkte" genommen sind; unter diesem Aspekt eignen sich historische Stoffe, d.h., bekannte Stoffe, am besten. Die Verwendung bekannter Stoffe ist die
zweite, unbedingt notwendige, aber nicht hinreichende Bedingung
für den „Verfremdungs-Effekt". Das „Historisieren" der Stoffe leistet
in Brechts Theater zweierlei: Die präsentierten Vorgänge werden als
historisch-spezifische Prozesse gefaßt, als etwas von bestimmten Menschen zu einer bestimmten Zeit und nicht von (ewigen) „Gesetzen"
Gemachtes, das immer auch anders hätte gemacht werden können;
zweitens wird zwischen Zuschauer und Fabel die historische Distanz
geschoben, die wiederum das Einleben erschweren soll. Auch Vorgänge
der Gegenwart können als „historische" Vorgänge vorgeführt werden[32],
ja sie ermöglichen erst *als* historisierte Vorgänge das distanzierte Beob-
achten des Zuschauers. [33]

„die nicht aristotelische dramaturgie erlaubt prinzipiell sowohl rea-
listische als idealistische dramatik. sie hat mit dem streit dieser beiden
richtungen nichts zu tun, da sie nur den verkehr zwischen kunstwerk
und publikum betrifft." [34] In der Betonung des *Verkehrs zwischen*
Publikum und Kunstwerk, nicht in der Betrachtung einzelner Kunst-
werke oder der Anweisung zur Herstellung von Kunstwerken selbst
liegt die Differenz zu Konzeptionen wie der von Lukács. Ob das Werk
„an sich" objektiv ist oder nicht, ist eine zweitrangige Frage.[35] Das
Kunstwerk wird zum „Modell", an dem Verhaltensweisen erprobt und
in ihrer Wirkung sinnlich erfahrbar gemacht werden sollen: „Der

Mensch macht sich von den Dingen, mit denen er in Berührung kommt und auskommen muß, Bilder, kleine Modelle, die ihm verraten, wie sie funktionieren."[36] Diese „Abbilder" im Sinne von Modellen brauchen, wie Brecht ausdrücklich betont, „nicht etwa objektiv zu sein", ihr Wahrheitskriterium ist allein die Praxis: Sie müssen sich als „praktikable Abbilder"[37] erweisen, dies ist für Brecht das „Theater des wissenschaftlichen Zeitalters".

Brechts Theater ist damit nicht Wissenschaft, es ist kein wissenschaftliches Institut[38], das Lehrsätze oder Theorien illustriert, es ist auch keine bloße Addition wissenschaftlicher Erkenntnis mit diversen künstlerischen Ausdrucksformen, es ist vielmehr ein Theater, das auf eine bestimmte Form des Verkehrs mit seinem Publikum aus ist, weshalb auch der Widerspruch zwischen „realdialektischer und idealdialektischer Nachbildung", den Jan Knopf ausgemacht haben will, für dieses Theater bedeutungslos ist.[39]

Erkennen als konkrete menschlich-sinnliche Tätigkeit, die die Welt in dem Maße erkennt, in dem sie sie verändert, nicht das verbale Bekämpfen einer Ideologie[40] oder die Erzeugung von Gefühlen über die Identifikation mit den Schauspielern ist die Grundlage und zugleich Ziel dieses Theaters *des* wissenschaftlichen Zeitalters. „Annahme oder Ablehnung ihrer (der Schauspieler, d.V.) Äußerungen oder Handlungen sollten im Bereich des Bewußtseins, statt wie bisher in dem des Unterbewußtseins des Zuschauers erfolgen."[41] In diesem Sinne ist die nicht-aristotelische Ästhetik auf die Entpsychologisierung des Theaters angelegt.

Die Frage, wie der neue „Nutznießer", der Zuschauer, gleichzeitig sinnlich genießen und verändern kann, ist zugleich eine Frage nach der speziellen Brechtschen Technik.

Modell des Totaltheaters von Gropius.

Das Begreifen des Verkehrs zwischen Kunstwerk und Rezipient als je historisch-spezifische Tätigkeit bestimmter Menschen, die auch im Theater in jedem Augenblick auf der „Höhe" *ihrer* Zeit sind, bedeutet für Brecht, daß der „Produktionsapparat" Theater im wissenschaftlichen Zeitalter nicht unberührt von technischen Neuerungen bleiben kann. Weit davon entfernt, die Technologie des wissenschaftlichen Zeitalters an sich schon für ein Fortschrittsvehikel zu halten, will er doch auf die Neuerungen als *Hilfsmittel* fürs Verständnis nicht verzichten[42]; eine *künstlerische* Technik hingegen kann für ihn nur die Kunst selbst entwickeln.[43]

Soll der Rezipient mit dem Werk in Verkehr treten, so muß es auch auf dessen Bedürfnisse, Neigungen und Wahrnehmungsweisen abgestellt sein; ferner ist die literarische Technik u.a. vom Stoff selbst abhängig: „Das erste ist also: die Erfassung der neuen Stoffe, das zweite: die Gestaltung der neuen Beziehungen. Grund: Die Kunst folgt der Wirklichkeit."[44] Piscators Politisches Theater[45], das als betont *technischer* Apparat „eher Illusionen als Erfahrungen, eher Räusche als Erhebungen, eher Täuschungen als Aufklärung erzeugen konnte"[46], das durchaus von der Maschinenromantik des Proletkult durchsetzt war und für das Josef Goebbels ein Stück „Der Wanderer" geschrieben haben soll [47], wird ungeachtet aller persönlicher Bewunderung Brechts für Piscator im Exil nach 1936 nicht mehr uneingeschränkt als geeignetes Modell akzeptiert. Bereits in seiner „Radiotheorie" forderte Brecht, den „Distributionsapparat Rundfunk" in einen „Kommunikationsapparat" zu verwandeln.[48]

Hier besteht eine gewisse Differenz Brechts auch zu Benjamin, der in seinem Aufsatz „Das Kunstwerk im Zeitalter seiner technischen Reproduzierbarkeit" emanzipatorische Erwartungen an die Entwicklungen technologischer Neuerungen selbst knüpft.[49]

Brecht will in seinem „nicht-aristotelischen" Theater gerade keine Reproduktionen anfertigen, sondern einen Produktionsprozeß in Gang setzen; die soziale Funktion und Gebundenheit (die Benjamin unterschiedslos dem „Ritual" zuschlägt) soll in Brechts Theater wieder hergestellt werden, und „die einmalige Ferne, so nah sie sein mag", ist eine gute Beschreibung der von Brecht gewünschten Haltung des Darstellers zum Dargestellten sowie des Zuschauers zu beidem.

In dem von Brecht gemeinten Produktionsprozeß soll die menschliche Fähigkeit des Beobachtens und Montierens geschult werden: *„Solche Abbilder erfordern freilich eine Spielweise, die den beobachtenden Geist frei und beweglich erhält. Er muß sozusagen laufend fiktive Montagen an unserem Bau vornehmen können, indem er die gesellschaftlichen Triebkräfte in Gedanken abschaltet oder durch andere ersetzt.''* [50]

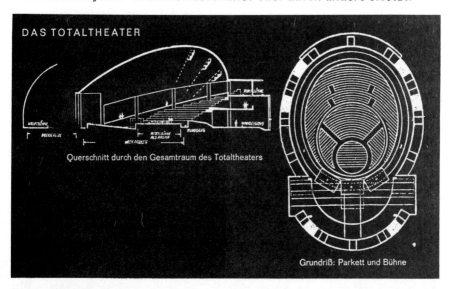

DAS TOTALTHEATER

Querschnitt durch den Gesamtraum des Totaltheaters

Grundriß: Parkett und Bühne

Diese Tätigkeit kann immer nur eine historisch-spezifische sein, da selbst ein und derselbe Zuschauer nicht zweimal dieselben Montagen vornehmen wird.

Mit der künstlerischen Technik der Montage übernimmt Brecht das „Grundprinzip avantgardistischer Kunst" [51] , das sich in der Malerei gegen die optische Besitzergreifung „auf einen Blick" und deren unentbehrliches Hilfsmittel, die lineare Zentralperspektive, in der Literatur gegen den „Helden" sowie den kontinuierlichen „linearen" Ablauf zum Höhepunkt hin richtet. Die Ordnung des Fluchtpunktes wie des Höhepunktes kann immer nur *Unterordnung* sein — eine Beziehung *zwischen* den Details ist stets nur eine über diesen Punkt „vermittelte". Eine solchermaßen aus einem Punkt gebaute Welt ist nicht nur Ausdruck vollkommener Herrschaft und Besitzergreifung, sie ist auch selbst leicht beherrschbar. [52]

Über die Malerei der Chinesen schrieb Brecht: *„Wie man weiß, verwenden die Chinesen nicht die Kunst der Perspektive, sie lieben es nicht,* *alles von einem einzigen Blickpunkt aus zu betrachten. Auf ihren Bildern sind mehrere Dinge einander nebengeordnet, sie verteilen sich auf ein Blatt, wie Einwohner ein und derselben Stadt sich auf diese Stadt verteilen, nicht etwa unabhängig voneinander, aber nicht in einer Abhängigkeit, welche die Existenz selbst bedroht. Man muß nämlich auch diesen Vergleich erst näher ausführen: Die Familien, welche wir mit den Dingen vergleichen, wohnen in der Stadt, welche unser Blatt darstellt, in größerer Freiheit, als wir gewohnt sind zu wohnen. Sie leben nicht nur durch ihre Beziehungen zu einer einzigen Familie. Der chinesischen Komposition fehlt ein uns ganz und gar gewohntes Moment des Zwanges. Diese Ordnung kostet keine Gewalt. Die Blätter enthalten viel Freiheit. Das Auge kann auf Entdeckungen ausgehen. Die dargestellten Dinge spielen die Rolle von Elementen, die selbständig existieren können, dennoch sind sie in der von ihnen auf dem Blatt eingegangenen Verbindung ein Ganzes, wenn auch kein unteilbares."* [53]

Den politischen Traum einer zentral-perspektivisch konstruierten Welt antizipierte 1791 Jeremy Bentham mit seinem „Panoptikon": Es handelt sich um ein Mustergefängnis zur absoluten Überwachung.

Die Kunst, eine „Welt" aufzubauen, einen zentralperspektivischen „Illusionsraum" zu konstruieren, der wiederum der vorhandenen täuschend oder zum Verwechseln ähnlich zu sein hat, die Aufgabe also, „lebenswahr und naturgetreu zu sein, wurde seit dem Ende des Mittelalters prinzipiell nie in Frage gestellt" [54], denn welche Aufgabe sollte eine von ihrer gesellschaftlichen Funktion emanzipierte, zum Privat-Produkt und in privaten Besitz übergegangene bürgerliche Kunst sonst haben. Allenfalls in Bezug auf die bürgerliche „Kunst um der Kunst willen" hat Benjamins Begriff des „Rituals" Berechtigung.

Die in der nachimpressionistischen Periode vorgenommene Zerstörung des zentralperspektivischen Illusionsraumes geschieht zugunsten des *Zwischenraumes*, der Differenzen oder der Beziehungen der Bestandteile zueinander, sie ist nicht die Zerstörung jeder „Räumlichkeit" oder des „Bildganzen". [55] Die Bestandteile des Bildes werden nun nicht mehr über einen Punkt vermittelt, sie treten vielmehr *unmittelbar* in Beziehung zueinander.

Die Illusion, im Abbild das Abgebildete zu besitzen, ist zugleich mit dem Verschwinden des Illusionsraumes unmöglich geworden.

Dieser Entwicklung in der Malerei entspricht eine Entwicklung in der Literatur, speziell im Roman. Wie dem Herrschaftsanspruch über den

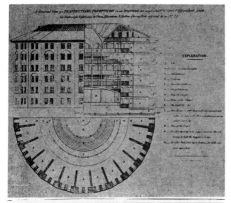

J.Bentham. Plan für das Panopticon
(The Works of Jeremy Bentham, Bd. IV,
S. 172 f.) Vgl. S. 258

N.Harou-Romain, Pläne für Strafanstal-
ten, 1840. Vgl. S. 318.

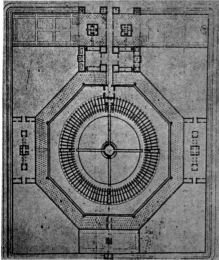

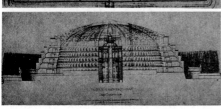

„*Panoptikon*: Wort und Sache wurden 1791, rund dreißig Jahre nach dem *Emile*, von Jeremy Bentham ersonnen. Es handelt sich hierbei um den Namen für ein Mustergefängnis, in dem es Folterungen und sonstige Strafen im Sinne einer Sühne nicht mehr geben sollte. Ein wahrhaft humanes Gefängnis also, mit erzieherischem Charakter. Man stelle sich ein kreisförmiges Gebäude vor, mit Zellenreihen, die nach dem Innenraum, einem Hof, gelegen sind. In der Mitte des Hofes steht ein Beobachtungsturm, worin sich der Aufseher befindet. Das ganze ist so konstruiert, daß der Gefangene keine Möglichkeit hat, sich auch nur einen Moment lang dem Blick des Aufsehers zu entziehen, während dieser alles sehen und alles hören kann, ohne selbst gesehen zu werden. Es ist das Prinzip der absoluten Überwachung (*universal inspection principle*). Alles tolerierend, übt der Blick anscheinend keinerlei Zwang aus, und doch hat er eine weit repressivere Wirkung als grausame Quälereien und Schläge. Indem er auf diese Weise beobachtet wird und es auch weiß, wird sich der Gefangene bald bessern und sich von selbst an das moralische Gesetz anpassen: Unter Aufsicht gestellt, verlieren die Verurteilten ‚die Möglichkeit und fast den Willen, Böses zu tun‘.“

René Scherer: Das dressierte Kind, Berlin 1975, S. 21.

Raum im Bild, so wird dem Herrschaftsanspruch über die Zeit in der Literatur die Grundlage entzogen: Hauser weist darauf hin, daß die „Entpsychologisierung” des Romans mit Proust beginne und bei Joyce zum Abschluß komme: *„Indem nämlich die ganze Wirklichkeit (bei Proust, d.Verf.) zum Bewußtseinsinhalt wird und die Dinge ihren Sinn einzig und allein durch das seelische Medium, das sie erlebt, gewinnen,* *kann hier von keiner Psychologie mehr im Sinne Stendhals, Balzacs, Flauberts, Georg Eliots, Tolstois oder Dostojewskis die Rede sein. (...) Joyce','Ulysses' ist die direkte Fortsetzung des Proustschen Romans; (...) Der Flucht vor der Fabel folgt die Flucht vor dem Helden. Statt einer Flut von Ereignissen schildert Joyce eine Flut von Gedanken und Assoziationen, statt eines individuellen Helden einen Bewußtseinsstrom, einen unendlichen, zäsurlosen inneren Monolog. Der Nachdruck liegt überall auf der Zäsurlosigkeit der Bewegung, dem ,heterogenen Kontinuum', dem kaleidoskopischen Bild einer desintegrierten Welt."* [56]

Diese Welt der Simultaneität von Zeit und Raum muß den Beschwörern von „heroischen Perspektiven" höchst gefährlich erscheinen, ist doch hier Beherrschung nicht mehr so ohne weiteres möglich.

Die von Brecht vorgenommenen Montagen sollen allerdings auf dem Theater durchaus äußerliche, mit Ohren *und* Augen wahrzunehmende alltägliche Vorgänge bleiben, die auch als solche wiedererkannt werden können, die ihren Sinn nicht durch das sie erlebende seelische Medium, sondern einzig in der Bearbeitung durch den Zuschauer erlangen. Indem die Teile nicht auf einen werkimmanenten Flucht- und Höhepunkt hin konstruiert werden, sondern im Hinblick auf den Zuschauer [57], werden diesem die Stücke in dem Sinn dargeboten, daß er sie aufgreifen und experimentierend um-, zusammen- oder auseinanderstellen kann.[58]

Da die Bestandteile brechtscher Abbildungen als wirklich existierende „Gegenstände" oder „natürliche" Vorgänge durchaus erkennbar bleiben sollen, dient als „Grundmodell für episches Theater" ein Vorgang an irgendeiner Straßenecke: „Der Augenzeuge eines Verkehrsunfalls demonstriert einer Menschenansammlung, wie das Unglück passierte." [59]

Das Demonstrieren oder Vorzeigen bzw. Vormachen wird zur Aufgabe des Schauspielers: *„Dies, daß der Schauspieler in zweifacher Gestalt auf der Bühne steht, als Laughton und als Galilei, daß der zeigende Laughton nicht verschwindet im gezeigten Galilei, was dieser Spielweise auch den Namen ,die epische' gegeben hat, bedeutet schließlich nicht mehr, als daß der wirkliche, der profane Vorgang nicht mehr verschleiert wird."* [60]

Ein bevorzugtes Mittel, den Zeigenden nicht im Gezeigten verschwinden zu lassen, ist die „demonstrierende Geste": Ein besonderer Akt wie etwa das sichtbare Beiseitelegen der Zigarette vor Beginn der Rede oder auch das direkte präsentierende Verweisen der Spieler aufeinander unterstreicht den Demonstrationscharakter im Vorgang selbst.[61]

Pablo Picasso, „Un violon accroché au mur", 1913.

Diese Spielweise soll im brechtschen Theater den vorgeführten „Gegenstand zwar erkennen, ihn aber doch zugleich fremd erscheinen"[62] lassen, also den berühmten „Verfremdungseffekt" erzeugen.

Der so hervorgerufene Effekt hat mehrere Funktionen: Er soll Neugierde und Staunen über „Selbstverständliches, Bekanntes"[63] erwecken, die Distanz des beobachtenden Betrachters durch die Verhinderung der Einfühlung erlauben und damit die demonstrierten Vorgänge als von Menschen gemachte, von Schauspielern vorgeführte und veränderbare Vorgänge herausstellen.

Die „präsentierende" oder „verweisende Geste" ist freilich älter als die brechtsche Ästhetik: Sie taucht bereits in der mittelalterlichen christlichen Malerei auf.[64] Auch dort wurde die Präsentation im Bild selbst häufig sichtbar gemacht, indem die dargestellten Figuren auf das Dargestellte (Christus am Kreuz) verweisen (vgl. Abb. S.88), oder indem im Bild noch ein Bild vorgezeigt wird (vgl. Abb. S.86, dort allerdings das „unmittelbar gegebene" Bild auf dem Schweißtuch).

Die Funktion dieser Mittel ist denen der brechtschen Ästhetik vergleichbar: in beiden Fällen soll der „Akt des Zeigens" selbst sichtbar gemacht und damit verhindert werden, daß der Betrachter das Präsentierte für ein originalgetreues Abbild oder gar für das Abgebildete selbst hält. Der so erzielte „Verfremdungs-Effekt" soll vielmehr den Betrachter veranlassen, ein als bekannt vorausgesetztes Geschehen zu vergegenwärtigen. Der Unterschied ist darin zu sehen, daß die christliche Kunst auf die Transzendenz verweist, wohingegen bei Brecht die sinnliche

Westfälisch, um 1400, Die Kreuztragung Christi.

„Die Dreigroschenoper", Theater am Schiffbauerdamm, 1928. Von links nach rechts: Erich Ponto, Roma Bahn, Harald Paulsen, Kurt Gerron.

Aufmerksamkeit auf die immanenten Widersprüche des präsentierten Vorgangs gelenkt werden sollen: „Die Einheit der Figur wird nämlich durch die Art gebildet, in der sich ihre einzelnen Eigenschaften widersprechen." [65] Ähnliche Forderungen werden an den Aufbau der Fabel gestellt; sie kann kein *lineares* Ganzes sein, deren Details im Hinblick auf einen „Knotenpunkt" konstruiert werden und außerhalb dieser „Linearperspektive" keine Bedeutung mehr haben, sondern die *„fortführung der fabel ist hier diskontinuierlich, das einheitliche ganze besteht aus selbständigen teilen, die jeweils sofort mit den korrespondierenden teilvorgängen in der wirklichkeit konfrontiert werden können, ja müssen."* [66]

Nordwestdeutsch (?), 14. Jh., Christus am Kreuz, Maria und Johannes.

Ist den Vorgängen als historischen, d.h. bekannten Ereignissen die Sensation nicht schon genommen, so geschieht das durch Verwendung dokumentarischer Materialien bzw. Schrifttafeln, die das „Gestaltete" mit „Formuliertem" durchsetzen sollen [67]; diese „Literarisierung der Bühne" führt zu etwas, das man, analog zur Malerei der Moderne, die die bildende Kunst entliterarisierte, Entliterarisierung des Theaters nennen könnte: Schon für Schiller war Distanz eine Notwendigkeit; während jedoch bei Schiller (und bei Brechts „Lehrstükken") der Chor mit *literarischen* Mitteln belehrend, aufklärend oder kommentierend in das literarische Kontinuum eingreift, um eine gedankliche Distanz herzustellen [68], also zum Überdenken des Gehörten führen soll, haben die brechtschen Mittel die Funktion, das Hören zugunsten des Sehens bzw. Beobachtens der Bewegungen der Personen innerhalb des dargestellten historischen und sozialen *Feldes* [69] zu entlasten und gleichzeitig den Widerspruch zwischen Gehörtem und Gesehenem auch optisch in seiner Widersprüchlichkeit darstellbar zu machen. Der Begriff „Entliterarisierung des Theaters" würde allerdings im Zusammenhang mit Brecht zu dem falschen Schluß führen, der literarische Teil, die Rede also, habe keine Funktion mehr. Dies ist nicht der Fall; der literarische Teil hat lediglich seine Stellung und Funktion im Theater in ganz spezifischer Weise verändert. Daher erscheint der Begriff der „Konkretisierung des Theaters" angemessener; er bezeichnet den Übergang von theoretisch-literarisch bestimmter Handlung zur konkreten Demonstration eines Modells, indem der literarische Teil gleichwertig neben anderen Bestandteilen steht .

Hieraus ergibt sich die „Offenheit" der brechtschen Ästhetik: Es ist die Offenheit des *Produktionsprozesses* zwischen Zuschauer und Werk, bei dem man nicht weiß, was dabei herauskommt; es ist die Förderung der kritisch-produktiven Haltung: *„Gegenüber einem Fluß besteht sie in der Regulierung des Flusses; gegenüber einem Obstbaum in der Okulierung des Obstbaumes; gegenüber der Fortbewegung in der Konstruktion der Fahr- und Flugzeuge, gegenüber der Gesellschaft in der Umwälzung der Gesellschaft,"* [70] gegenüber einem brechtschen Werk in der Veränderung dieses Werks, muß man hinzufügen.

Brechts Werke „öffnen" sich also nicht in dem Sinn, daß sie in eine „andere Welt" einlassen; ihre „Offenheit" besteht vielmehr darin, daß sie erst im Verkehr mit dem sie verändernden Rezipienten in einem offenen Produktionsprozeß etwas hergeben können; auch von daher verbietet sich im Zusammenhang mit Brecht jede nur *re*produktive Kunstauffassung, auch die von Benjamin, denn im von Brecht beabsichtigten Produktionsprozeß geht es nicht um die quantitative Vervielfältigung schon vorhandener Kulturgüter.

Auf eine etwas andere Weise ist dies auch von Hellmuth Karasek bemerkt worden, allerdings weiß er, wie viele andere, wenig damit anzufangen: „Mag sein, daß eine Parabel mit ihrer Vereinfachung am Anfang auch Klarheit schafft. Aber diese Klarheit, einmal gewonnen, erstarrt und gibt nichts mehr her. Da sie alles auf Anhieb weiß, was sich in sie übersetzen läßt, kann sie später keine Auskünfte mehr liefern als diejenigen, welche man beliebig in sie hineinlegen kann. (...) Die gleiche Parabel, die eben noch demonstrierte, wie herrlich weit man es mit dem Menschen bringen könnte, bewies nun, unverändert, das Gegenteil." [71]

Damit trifft Karasek den Nagel ziemlich auf den Kopf. Es aber zu Ungunsten Brechts auslegen hieße, genau von der Fiktion eines „objektiven Geschichtsverlaufs" ausgehen, die doch wohl (nicht nur in der Kunst) längst abhanden gekommen ist. Es muß eben nicht nur mit

Karasek gefragt werden, ,,ob der Geschichtsprozeß so determiniert sei, daß die in ihm obsiegenden und unterliegenden Klassen ihn zwangsläufig vollstrecken müssen"[71], sondern ebenso, ob denn die Vergangenheit so ,,objektiv determiniert" sei, weil wenigstens in ihr alles, da einmal geschehen, feststehe. Dem ,,objektiven" Geschichtsverständnis hielt Landauer bereits 1908 entgegen: ,,*Wir wissen von der Vergangenheit nur unsere Vergangenheit; wir verstehen von dem Gewesenen nur, was uns heute etwas angeht; wir verstehen das Gewesene nur so, wie wir sind; wir verstehen es als unseren Weg.*

Anders ausgedrückt heißt das, daß die Vergangenheit nicht etwas Fertiges ist, sondern etwas Werdendes. Es gibt für uns nur Weg, nur Zukunft; auch die Vergangenheit ist Zukunft, die mit unserm Weiterschreiten wird, sich verändert, anders gewesen ist.

Damit ist nicht bloß gemeint, daß wir sie je nach unserm Weiterschreiten anders betrachten. Das wäre zu wenig gesagt. Ich behaupte vielmehr aller Paradoxie zum Trotz ganz wörtlich, daß die Vergangenheit sich verändert. Indem nämlich in der Kette der Kausalität nicht eine starre Ursache eine feste Wirkung hervorbringt, diese wieder zur Ursache wird, die wieder ein Ei legt usw. So ist es nicht. Nach dieser Vorstellung wäre die Kausalität eine Kette hintereinander folgender Posten, die alle außer dem Letzten still und angewurzelt feststünden. Nur der Letzte geht einen Schritt vorwärts, aus ihm entspringt dann ein Neuer, der wieder weiter vorgeht und so fort. Ich sage dagegen, daß es die ganze Kette ist, die vorwärts geht, nicht bloß das äußerste Glied. Die sogenannten Ursachen verändern sich mit jeder neuen Wirkung.

Die Vergangenheit ist das, wofür wir sie nehmen, und wirkt dementsprechend sich aus; wir nehmen sie aber nach tausenden von Jahren als ganz etwas anderes als heute, wir nehmen sie oder sie nimmt uns mit fort auf dem Weg."[72]

Man wird kaum behaupten wollen, daß Landauers Auffassung von ,,Vergangenheit" bzw. ,,Geschichte", wie sie durch Brechts ,,nichtaristotelisches Theater" bestätigt wird, sehr viel mit bürgerlicher oder auch marxistischer ,,Geschichtswissenschaft" zu tun habe, unterscheiden sich diese doch prinzipiell nur in der Frage, ob deren lineare Konstruktionen auch in die Zukunft hinein verlängert werden können. Brechts historisierendes Theater mit seiner oben beschriebenen Montagetechnik verflüchtigt indessen, konsequent durchgeführt, ebenso jede nach ,,rückwärts" konstruierte feststehende Linearperspektive. Auch aus diesem Grunde *ist* Brechts Theater kein ,,wissenschaftliches Institut", strenggenommen nicht einmal ein Ort zur Erlangung theoretischer Erkenntnisse, sondern eher ein Ort der tätigen „Vergegenwärtigung" einer stets anders gewordenen Gegenwart *und* Vergangenheit im Sinne Landauers, also ein Ort der Offenheit nach *allen* Richtungen.

„Da die Geschichte also keine Theoreme des Geistes schafft, ist sie keine Wissenschaft; sie schafft aber etwas anderes; nämlich Mächte der Praxis. Die Hilfskonstruktionen der Geschichte: Kirche, Staat, Ständeordnung, Klassen, Volk usw. sind nicht nur Instrumente der Verständigung, sondern vor allem Schaffung neuer Tatsächlichkeiten, Gemeinschaften, Zweckgestalten, Organismen höherer Ordnung. In der Geschichte schafft der schöpferische Geist nicht theoretische Erkenntnisse; darum ist es auch ganz recht und ist es bezeichnend, daß die Ausdrücke ,Geschichte' und ,Politik' ebenso das Geschehen und Tun meinen, das Aktivität ist, wie die Betrachtung, die passiv oder neutral sein will, meist aber nur latentes Wollen und Handeln ist. Wir haben im Deutschen ein gutes Wort für diese Konzentration und Beschauung: Vergegenwärtigung. In der Tat wird in aller Geschichte das Vergangene vergegenwärtigt, zur Gegenwart gemacht; ..." [73]

Theater in diesem Sinne schafft nicht nur neue Räume, es setzt auch rein architektonisch andere Räume voraus, als sie die gebräuchliche „Guckkastenbühne" des traditionellen Illusionstheaters bieten kann.

Entillusionierung als Konstitution neuer Räume: dialektisch-konkretes Theater

Das „nicht-aristotelische Theater" Brechts hat also zunächst die Distanz des Zuschauers zu gewährleisten, es verwendet (aktuelle und/oder historische) Stoffe, die – historisiert und in ihre Elemente zerlegt – auf der Bühne in der Art einer planetarischen Demonstration bzw. eines Modells diskontinuierlich, nicht zentralistisch, nicht linear, sondern different und widersprüchlich montiert und als Experiment vergegenwärtigt werden. Es ist auf eine Art Verkehr mit dem Publikum aus, der nicht „fesselnd" ist, sondern in Bewegung bringen und den Zuschauer selbst zum Montieren und Eingreifen veranlassen will. Damit ist die „Verfremdung", die erzielt werden soll, zwar nicht mit Montage schlechthin identisch, es ist aber auch keine „rein erkenntnistheoretische Kategorie"[74], wie Jan Knopf meint. So behauptet Knopf, „Brechts Verfremdung macht die Veränderung nicht im Erkennen fest, sondern läßt auf die Erkenntnis die Veränderung folgen"[75], ohne allerdings mitzuteilen, wie sie das macht; vor allem aber bedeute Verfremdung nicht Montage der Wirklichkeit, sondern Demontage ihres „falschen Scheins".[76] Wenn das so wäre, müßte man fragen, ob Brecht nicht besser Vorlesungen über Erkenntnistheorie oder Ideologiekritik an der Volkshochschule gehalten hätte, denn um im Theater den „falschen Schein" zu de-montieren, müßte man diesen doch zunächst einmal haben, also montieren. Die brechtsche „Verfremdung" umfaßt bestimmte Techniken der Montage, die ihrerseits auf einem spezifischen Erkenntnismodell, nämlich dem Korschs, beruhen; Brecht bezeichnet damit sowohl eine besondere ästhetische Theaterpraxis als auch einen durch diese ausgelösten spezifischen „Effekt" beim Zuschauer.

Die nicht-aristotelische Ästhetik liefert kein „wahres" Abbild der Welt, die endlich von ihrem „falschen Schein" (wenigstens im Theater) befreit wäre, sie liefert keine neuen Aussagen und keine neuen Interpretationen von „Wirklichkeit", sie ist vielmehr darauf aus, etwas *sichtbar* zu machen, indem sie konkrete, bekannte Elemente der „natürlichen" im Sinne von „normalen" bzw. „gewohnten" gesellschaftlichen Verhältnissen so montiert, daß deren Differenzen und Widersprüche selbst zu Elementen des Dargestellten werden. Indem die Einheit eines Stükkes eine Einheit von Differenzen und Gegensätzen und nicht mehr ein kontinuierlich auf einen Höhepunkt hin ausgerichteter mehr oder weniger literarisch konstituierter Raum ist, kann beim nicht-aristotelischen Theater auch nicht mehr von epischem Theater gesprochen werden; die neue Ästhetik führt zu dialektisch-konkretem Theater.

Die „Konkretisierung des Theaters" wird auf verschiedenen Ebenen in Angriff genommen, vor allem auch auf dem Gebiet der neuen Schauspielkunst, wie sie in der „nicht-aristotelischen Ästhetik" gefordert wird. Ihr Ziel ist die Aufhebung der Unterordnung der verschiedenen künstlerischen Mittel und Techniken des Theaters (wie z.B. sprachlicher Ausdruck und Mitteilung, Gestik, Mimik, Bewegung, Tanz, Musik, Gesang, Kostümierung, Bühnenbilder und -plakate etc.) unter die literarische Idee bzw. Fabel. Hatten die verschiedenen Künste bislang die Aufgabe, sich der literarischen Idee unterzuordnen und diese glaubwürdig zu unterstützen, so gewinnen sie bei Brecht Selbständigkeit, Eigenbedeutung, treten sie als selbständige Elemente des Ganzen auseinander, bisweilen in Widerspruch zueinander und konstituieren damit einen nicht mehr pyramidalisch, d.h. auf einen Höhepunkt hin organisierten *Beobachtungsraum*, in dem nicht mehr mit literarischen Mitteln eine Handlung kommentiert oder erklärt wird wie etwa bei Schiller, sondern in dem die gegensätzlich montierten Elemente gegeneinander Stellung beziehen und sich untereinander „kommentieren".

Hier ist zunächst auf die schon von Herbert Ihering bemerkte Tatsache des Auseinandertretens von Mitteilung und Ausdruck in der Dramensprache Brechts hinzuweisen, die zu einer Ablösung der Rede von der dramatischen Situation führt.[77] Waren bislang Ausdruck und Mitteilung lediglich zwei Aspekte ein und derselben dramatischen Situation, die, sich gegenseitig stützend, diese erst konstituierten, so treten bei Brecht Ausdruck und Mitteilung als selbständige Elemente in Gegensatz zueinander. „Der Zuschauer sollte nicht durch den Mund der Dramenfiguren den Gang der Handlung erfahren, was unnötig viele erklärende Dialoge erforden würde. Brecht setzte also die Mitteilungsfunktion der Rede frei, indem er durch Schriftstücke und abgehobene Kommentartexte die Orts-, Zeit- und Handlungskoordinaten des Stücks verdeutlichte. Der Ausdruck der Rede wurde damit zu einer studierbaren Eigentümlichkeit des Verhaltens, dem körperlichen Gestus als Charakteristikum gleichgeordnet."[78] Wenn jedoch der literarische Teil sich von der dramatischen Situation löst und in Mitteilungs- und Ausdrucksmaterial zerfällt, dann kann nicht mehr von einem literarischen Kontinuum im engeren Sinne der Rede gesprochen werden. Wo der Mitteilungsgehalt in Form von Schrifttafeln und Plakaten den übrigen bühnentechnischen Mitteln gleichgestellt wird, wo der Ausdruck durchaus auch in krassen Gegensatz zum Mitteilungsgehalt und anderen Elementen treten kann, emanzipieren sich alle Bestandteile von lediglich untergeordnet-illustrierenden Funktionen. Das Prinzip des Gegeneinanderstellens von Text und Bild, von Rede und Blick mit dem Ziel, die Sinnlichkeit in Bewegung zu bringen, wird von Brecht nicht nur im Theater angewandt. Als Beispiel möge eine Seite der „Kriegsfibel"[79] dienen, wo ein Pressefoto einer Rede Hitlers in einer Waffenfabrik mit einem Vierzeiler kombiniert ist (vgl. Abb. S.94). Es gibt auf diesem Foto keine „geheimnisvollen Hintergründe" und keinen noch zu entschleiernden „falschen Schein" – es ist alles sichtbar. Es geht vielmehr darum, das Kontinuum der Rede Hitlers zu zerreißen, aus dem Raum der „großen" oder auch kleinen Ideen herauszutreten; dann nämlich gewinnt der „Hintergrund", die illustrierende Kulisse der Kanonen ein neues Gewicht und eine neue Funktion. Das Auseinanderreißen des sprachlichen Kontinuums im engeren Sinne, also das Entgegensetzen von Mitteilungsgehalt und Ausdruck, läßt sich allerdings wohl nur im Theater realisieren.

Den 10 december höll Adolf Hitler ett av sina stora tal i en vapenfabrik i närheten av Berlin. Vårt bild visar rikskanslern och högste befälhavaren för den tyska krigsmakten på talarpodiet. T. v. om Hitler ses ledaren för den tyska arbetsfronten dr Robert Ley och riksministern dr Goebbels.

Seht ihn hier reden von der Zeitenwende.
's ist Sozialismus, was er euch verspricht.
Doch hinter ihm, seht, Werke eurer Hände:
Große Kanonen, stumm auf euch gericht'.

Ein weiteres Mittel der Konkretisierung des Theaters ist die Behandlung der Fabel, die auch in der nicht-aristotelischen Ästhetik „Herzstück der theatralischen Veranstaltung"[80] bleibt. Die Fabel wird aus ihren Einzelheiten bzw. Grundelementen gegenständlich und diskontinuierlich aufgebaut. „Die Teile der Fabel sind also sorgfältig gegeneinander zu setzen"[81], wobei die Widersprüche selbst Element der Abbildung werden. „Es ist klar, daß das Abbild ihn (den Widerspruch, d.Verf.) sichtbar machen muß, und das wird geschehen, indem dieser Widerspruch im Abbild gestaltet werden wird. Das historisierende Abbild wird etwas von den Skizzen an sich haben, die um die herausgearbeitete Figur herum noch die Spuren anderer Bewegungen und Züge aufweist."[82]

Selbst da, wo die Teile der Fabel kontinuierlich montiert werden, kann diese Kontinuität unterbrochen werden durch eine Geste. Brechts Gestik hat also nichts zu tun mit Pantomime, in der alles ohne Sprache ausgedrückt wird, sogar das Sprechen[83]; es handelt sich vielmehr um ein Mittel entweder der Unterbrechung oder des Verweisens auf andere Elemente der Darstellung oder auch des Kommentierens unter Verzicht auf literarische Mittel der Belehrung.

Bei einer solch gegensätzlichen Montage und häufigen Unterbrechung der Fabel kann in keiner Weise mehr von einem epischen Kontinuum die Rede sein. Wenn schließlich ein Gestus in Gegensatz zur Rede tritt, wenn also der Schauspieler das Gegenteil von dem tut, was er sagt, also auch der Zuschauer das Gegenteil von dem sieht, was er hört, ist jedes epische Kontinuum aufgelöst und die Unterordnung der sinnlichen Wahrnehmung unter die literarische Idee oder Interpretation, die Unterordnung des Sehens unter das Hören, aufgehoben. Strenggenommen ist ein solcherart strukturiertes Theaterstück nicht mehr „episch" zu nennen, und Brecht hat in den „Nachträgen zum ‚Kleinen Organon' " diesen Begriff ausdrücklich fallen gelassen.[84]

Wir können also die „Konkretisierung des Theaters", wie sie Brecht mit seiner nicht-aristotelischen Ästhetik vornimmt, hinsichtlich des literarischen Teils näher bestimmen: Sie besteht in

a) der Zersetzung der sprachlich konstituierten dramatischen Situation, indem Ausdrucks- und Mitteilungsgehalt der Rede auseinander und in Gegensatz zueinander treten;

b) der Auflösung jedes homogenen, linear auf einen „Höhepunkt" hinauslaufenden epischen Kontinuums zugunsten einer gegensätzlichen Montage der Teile, sowie

c) in der Aufhebung der Unterordnung körperlicher Aktionen unter die sprachlichen Aktionen der Spieler mit dem Ziel, Gegensätze und Differenzen innerhalb des literarischen Teils selbst einsehbar zu machen, also diese Gegensätze nicht wiederum literarisch „erklären" zu müssen.

Ein solchermaßen zum Experimentier- und Erfahrungsraum umgebautes Theater, in dem literarische Illusions- bzw. Interpretationsräume zugunsten der anschaulichen Erfahrung destruiert werden, muß einer Kultur, in der Bildung bis heute vorwiegend literarisch-theoretische Bildung ist, schwer verständlich bleiben. Für Intellektuelle, die stets irgendjemandem irgendetwas ‚erklären' und mit der ‚wahren' Interpretation seiner ‚wirklichen' Lage beglücken zu müssen glauben, stellt ein derartiger Experimentierraum eine Bedrohung dar, ist er doch darauf aus, eben diese Erklärungen (und damit die Erklärer) tendenziell überflüssig zu machen.

Aber es geht dem konkreten Theater nicht nur um Dissoziation des literarischen Teils der Aufführung; um die neue Zuschaukunst zu fördern, müssen auch die optischen Illusionsräume des seit der Renaissance in Europa sich durchsetzenden Guckkastentheaters zerstört werden. Die auf die Zerstörung des Illusionsraumes ausgerichteten destruktiven Tendenzen kündigten sich bereits um 1890 in Frankreich, Deutschland, England und Rußland an [85], es sollten allerdings noch etwa 20 Jahre vergehen, ehe diese Tendenzen voll und ganz auf die Form durchschlugen, dann aber war eine Theaterepoche zum Abschluß gekommen: *„Das Axiom einer Epoche, die zu Ende geht, ist der Illusionismus: der Glaube an die Möglichkeit, auf der Bühne Wirklichkeit vorzutäuschen, worin eingeschlossen sein kann der Glaube, durch solche Vortäuschung die Wirklichkeit zu verändern. (...) Das ist sowohl eine Frage der Mittel wie eine Frage der Wirkung. Wirklichkeit im Sinne des illusionistischen Axioms kann dargestellt werden, wie sie ist, aber auch, wie sie sein sollte und wie sie einer sich vorstellt, also realistisch, idealistisch oder romantisch; das verbindliche Element ist das der Täuschung; wird dieses aufgegeben, dann wird nicht nur nichts mehr vorgetäuscht, sondern die Mittel, die bisher in den Dienst des Axioms gestellt worden waren, werden freigesetzt einmal für alle Möglichkeiten, die je mit ihnen ausprobiert worden sind (...), zugleich aber auch für alle noch nicht ausprobierten Möglichkeiten, für das Experiment."* [86]

Diese von Anfang an internationale Bewegung wurde in Mittel- und Osteuropa am konsequentesten vorangetrieben: „Das konventionelle Büh-

LIT!!

nenweltbild wurde nirgends so radikal in Frage gestellt wie im russischen und im deutschen Theater."[87] Im „szenischen Expressionismus"[88] schließlich hatte sich die Funktion der traditionellen Guckkastenbühne umgekehrt: Es gilt nicht mehr, den Zuschauer in ein auch optisch illusionäres Kontinuum einzubeziehen, sondern auf den Zuschauer ein- und in den Zuschauerraum hineinzuwirken, von Brecht in dem Satz zusammengefaßt, das neue Theater solle nicht *vom* Menschen, sondern *auf* ihn ausgehen.[89]

Damit wächst der Anteil der bildnerischen auf Kosten der regiemäßigen Gestaltung. „Der Bühnenbildner wird im Expressionismus zum Mitregisseur."[90]

Anfang der 60er Jahre machte Hans Schwerte darauf aufmerksam, daß das wahrscheinlich frühestgeschriebene expressionistische Drama überhaupt von Oskar Kokoschka stammt: Am 14. Juli 1910 erschien in der Zeitschrift „Der Sturm" das (vermutlich schon 1907 entstandene) Schauspiel „Mörder Hoffnung der Frauen", eine mystische Bildvision vom Kampf der Geschlechter.[91] Uraufgeführt allerdings wurde dieses Stück zusammen mit zwei weiteren Dramen Kokoschkas, „Hiob" und „Der brennende Dornbusch", erst 1917 im Dresdener Albert-Theater, ein Jahr nach der Premiere von Hasenclevers „Der Sohn" am gleichen Ort. Von Kokoschka aus führt eine gerade Linie des antiillusionistischen, nicht-literarischen Theaters über Artaud bis in die Gegenwart: *„Denn Kokoschka meinte wirklich Schau-Spiel, optisches, gestisches, mimisches Spiel, vom gerafften Wort nur gelenkt. Regieanweisungen nehmen daher im Druck den gleichen Platz ein wie der Worttext. Das Pantomimische und Gestische, dazu Farbe, Licht und Requisit, wurden in diesem chorischen Urschauspiel im gleichen, oft sogar stärkeren Maße ausdrucks- und spieltragend eingesetzt als das Wort."*[92]

Weitere extreme Beispiele liefern Ludwig Siewerts und Otto Reigberts Bühnenbilder für Walter Hasenclevers „Sohn" (vgl. S.98)[93]. „An die Stelle logisch-kausaler Orientierung tritt die emotionale assoziative Erfahrung, die in den Raum projiziert wird."[94]

Oskar Schlemmers Reliefbühne für Paul Hindemith kennt nur noch typisierte Figuren und Formen, und Erich Buchholz nimmt den Raum in ein System farbiger Rechtecke und Quadrate zurück, die beweglich sind und unterschiedlich beleuchtet werden. Andreas Weininger verzichtete in der „Abstrakten Revue" schließlich ganz auf menschliche Aktionen. Stattdessen entwickelte er ein dynamisch-kinetisches Bewe-

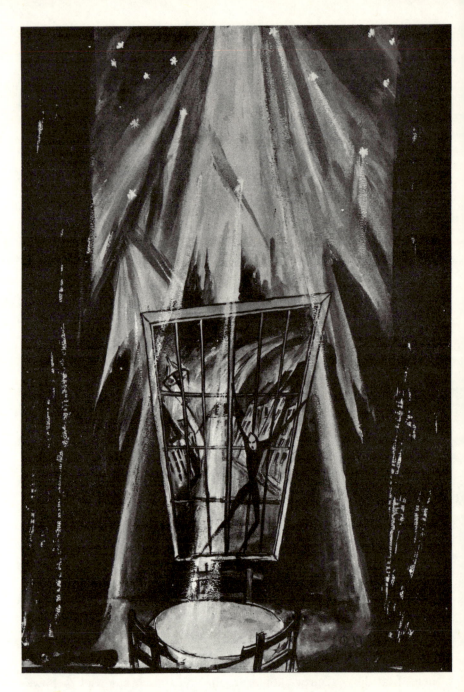

Otto Reigbert – Der Sohn (Walter Hasenclever) Kiel, Vereinigte Theater, 1919.

gungsspiel aus horizontal und vertikal beweglichen Rechtecken, Quadraten, Streifen, Kreisen und Spiralen, die zudem ihre Farbwerte veränderten. Hier ist der Einfluß futuristischer Maschinenromantik deutlich erkennbar.

Die Lichtregie, schon vor der Jahrhundertwende durch die Elektrifizierung der großen Bühnen und die Erfindung leistungsstarker Scheinwerfer zum Bestandteil der Regie gemacht, wird zusammen mit einfachen Grundformen im Expressionistischen Theater zum selbständigen raumbildenden Element. So schuf Walter von Wecus für Kurt Heynicke einen auf einer Drehbühne beweglichen Kreisring, auf dem über 13 Stationen, jeweils von Scheinwerfern scharf ausgeleuchtet und gleichzeitig begrenzt, die Handlung abläuft (vgl. S.100). Ausschließlich auf das Problem des Bühnenbodens konzentrierte sich Gustav Singer in einem Entwurf für ‚Die heilige Johanna' (vgl. S.100) von George Bernard Shaw. Der Boden wird in eine Vielzahl leuchtend roter Podesttische gegliedert, die alle unterschiedliche Höhen aufweisen und, je nach Erfordernissen, zu unterschiedlichen Formationen gruppiert werden können.

Die neuen Raumprobleme wurden aber nicht nur von den natürlichen Begrenzungen der Theatergebäude her (Außenwände, Bühnenboden, Dach) in Angriff genommen, sie wurden auch architektonisch-plastisch neu gestellt. So baute Oskar Schlemmer für Carl Hauptmann eine an der Plastik orientierte Blockarchitektur, die aus mehreren, klar begrenzten Sockeln sowie einer keilartig in die Höhe strebenden „Zarenburg" besteht (vgl. S.103).

Ähnlich verfuhr Ewald Dülberg. Auch er verwendete nur architektonisch-plastische Elemente, womit er allerdings einen Raum größtmöglicher Spannung, rhythmischer Durchdringung und Unterbrechung geometrischer Linien erzeugte (vgl. S.103)

Die Möglichkeiten von Film und Fotografie fanden gleichfalls im Theater Verwendung. Teo Ottos Fotomontage (vgl. S.104) oder auch László Moholy-Nagys Projektions-Collagen sind nur zwei Beispiele. Fotografie und Film wurden vor allem bei Piscator unentbehrliche Bestandteile des Theaters. In der Inszenierung von Ernst Tollers „Hoppla, wir leben" bildet ein Zellengerüst eine Simultanbühne, in der die einzelnen Schauplätze wie Gefängnis, Irrenhaus, Hotel, Radiostation etc. vertikal segmentiert gleichzeitig zu sehen sind. Die Zellenwände dienten als Projektionsflächen für einzublendende Filme (vgl. S.104).

Walter von Wecus – Der Kreis (Kurt Heynicke); Düsseldorf, Schauspielhaus, 1920.

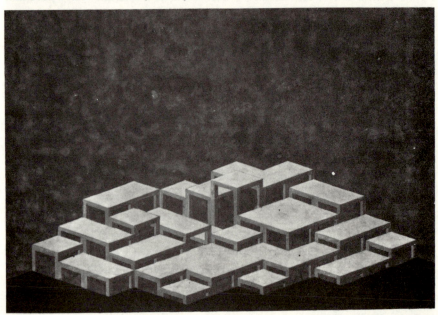

Gustav Singer – Die Heilige Johanna (George Bernard Shaw); Oberhausen, Städtisches Theater, 1925.

Oskar Schlemmer – Mörder, Hoffnung der Frauen (Paul Hindemith); Stuttgart, Württembergisches Landestheater, 1921

Andreas Weininger – Abstrakte Revue; Dessau, Bauhaus, 1926.

Mit dem über das Projektstadium freilich nicht hinausgekommene „Totaltheater" wollte Piscator nicht nur alle neuen künstlerischen und technischen Mittel vereinigen, er wollte auch, wie der Architekt des Totaltheaters Walter Gropius schildert [95], die drei architektonischen Grundformen des Theaters überhaupt: die Rundarena, die halbierte Rundarena (Proszenium) und das „Guckkastentheater" in einem Gebäude vereinigen.

Brecht hat sich der künstlerischen und technischen Neuerungen durchaus bedient, wenn auch die Räume, die er mit seinem „nicht-aristotelischen Theater" konzipierte, gänzlich anderer Natur sind als beispielsweise die, die Piscator vorschwebten: *„piscator hat sich in genialer weise bei seinen inszenierungen des films bedient, um die illusion scenischer darstellungen zu verstärken. (...) das ziel dieses theaters besteht also nicht in der materiellen anhäufung raffinierter technischer einrichtungen und tricks, sondern sie alle sind lediglich mittel und zweck, zu erreichen, daß der zuschauer mitten in das scenische geschehen hineingerissen wird, seinem schauplatz räumlich zugehört und ihm nicht hinter den vorhang entrinnen kann."* [96]

Das hier von Gropius beschriebene „Totaltheater" war nach 1936 ganz sicher nicht mehr das von Brecht anvisierte Ziel; mit Ausnahme vielleicht der Lehrstückphase (und auch da nur sehr bedingt) wollte Brecht im Exil eher das Gegenteil, insofern entwickelte er sich zum Antipoden Piscators.

Sehr viel näher als dem modernen politischen Theater steht Piscator wohl der Barockdramatik, jenem „ ... *eigenartige(n) Nebeneinander von höchster Entfaltung des Jesuitentheaters in vielen Ländern Europas und rasch aufblühender Opernkultur, ebenso rasch zu großer Geltung und Vollendung aufstrebender Ballettkunst; von meisterlich vervollkommnetem weltlichen Schultheater und einem Wanderbühnenwesen, das mit seinen notvollen Kreuz- und Querzügen ebenfalls den ganzen Kontinent für sich erobert, ..."* [97]

Insbesondere die Jesuitenbühnen mit ihren in lateinischer Sprache verfaßten und anfangs im Freien, später auf Verwandlungsbühnen im Guckkastentheater präsentierten Stücken mußten, da die Adressaten in den seltensten Fällen Latein beherrschten, zu anderen Mitteln der Fesselung des Publikums greifen. So entstand ein stark an die Sinne appelierendes „Totaltheater" mit allen damals möglichen technisch-maschinellen und künstlerischen Mitteln (Ballett, Orchester, Massenaufgebot

Oskar Schlemmer – Der abtrünnige Zar (Carl Hauptmann); Berlin, Volksbühne, 1923

Ewald Dülberg - Oedipus Rex (Igor Strawinsky); Berlin, Staatsoper am Platz der Republik, 1928 (Modell).

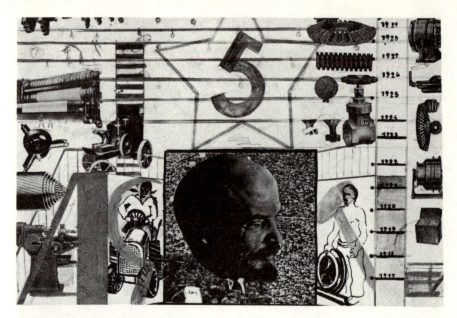

Teo Otto – Der Große Plan und seine Feinde (H.W. Hillers nach Johannes R. Becher); Berlin, Tennishallen am Fehrbelliner Platz (Junge Volksbühne), 1932.

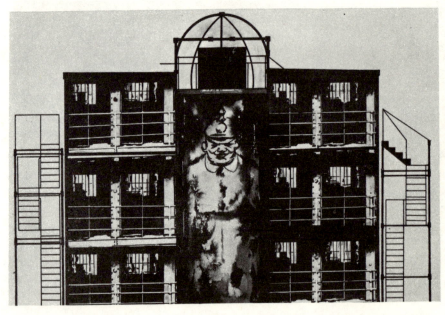

Traugott Müller – Hoppla, wir leben! (Ernst Toller); Berlin, Theater am Nollendorfplatz, 1927.

an Darstellern, prunkvolle Dekorationen und Requisiten, mechanische Vorrichtungen zur Bühnenversenkung und zur Erzielung von Flugeffekten etc.) mit der eindeutigen Tendenz, die Zuschauer in das meist aus der Bibel entnommene Heilsgeschehen einzubeziehen.

„Das technische Theater ist eine Verführung der Regisseure geblieben. Warum auch nicht? Es ist das Maschinen- und Zaubertheater des Barocks, umgesetzt in Elektrizität und Stahlkonstruktionen; schon seine Optik versetzt den Zuschauer in Zeitgenossenschaft. Aber Richtiges ist nur richtig, wenn es sein Korrektiv mitenthält. Wenn der Apparat das Korrektiv überspielt, wird er kulinarisch. Auch dagegen ist nichts einzuwenden, solange man nicht vorgibt, es handle sich um politisches Theater." [98]

Brecht bediente sich für sein konkretes Theater durchaus der Mittel, die zwischen 1890 und 1920 entwickelt worden waren, allerdings sehr sparsam und ohne sie je (zumindest nicht nach 1935) zum Selbstzweck werden zu lassen. Jedes Detail wurde nach seiner Funktion im Spiel befragt: „Die Beschränkung auf das Notwendigste (Mitspielende) macht den Bühnenbau mitunter karg aussehen. Er wirkt ‚arm' ", [99] schreibt er in seinen theoretischen Überlegungen zur Bühnentechnik. Die *Abstraktion von allem Überflüssigen*, die Illusion Begünstigenden gehört zu den Wesensmerkmalen des konkreten Theaters: Sie fordert vom Beschauer *Konkretisierung*: „Karg wirkt auch, daß der nicht-illusionistische Bühnenbau sich mit Andeutungen der Merkmale begnügt, mit Abstraktionen arbeitet, so dem Beschauer die Mühe des Konkretisierens aufbürdet. Er tritt der Lähmung und Verkümmerung der Phantasie entgegen." [100]

Die Befreiung von allem Disfunktionalen führt in der Tat zur Freiheit, nämlich zur Freiheit z.B. des Bühnenbildners, das Geschehen auf seine Weise zu kommentieren und sogar den Sinn der literarischen Elemente zu verändern: *„Der Bühnenbauer vermag den Sinn von Sätzen der Schauspieler grundlegend zu verändern und neue Gesten zu ermöglichen. Baut er zum Beispiel im ‚Macbeth', wo in der sechsten Szene des ersten Aktes der König und sein Gefolge die Macbethsche Burg loben, ein armseliges und häßliches Gebäude auf, so wird das Lob aus einem Ausdruck der Vertrauensseligkeit zu einem Ausdruck der Güte und Höflichkeit und doch bleibt die Unfähigkeit des Königs, sich gegen den Macbeth zu versehen, dessen elende Lage er nicht erkennt."* [101]

An diesen konkreten Überlegungen zum Bühnenbau wird die vollkommene Unzulänglichkeit *nur* literarischer Interpretationen des brechtschen Theaters einmal mehr deutlich, zugleich aber auch die List des Stückeschreibers, durch ein bestimmtes Ins-Verhältnis-Setzen der Elemente Dinge deutlich und einsehbar zu machen, ohne sie so auszusprechen.

„Trommeln in der Nacht", Uraufführung München 1922, Regie: Falckenberg.

Bereits in „Trommeln in der Nacht" sind viele Elemente des späteren brechtschen Theaters, wenn auch zunächst fast ausschließlich in provokatorischer Absicht, schon vorhanden. Das Bühnenbild der Uraufführung am 30. September 1922 an den Münchener Kammerspielen, das von Otto Reigbert stammt (vgl. Bild oben) [102] , besteht aus zu dieser Zeit von den Expressionisten häufig verwendeten halbhohen beweglichen Stellwänden, die Zimmer andeuten sollen. Dahinter ist, mit einigen Linien skizziert, die Großstadt mit ihren Hochhäusern angedeutet, allerdings nicht als „Hintergrund", sondern eher als „Außenraum", der in den Spielraum der Bühne mit ihren Pappstellwänden eindringt. Der rote Mond, der jeweils vor dem Auftritt des Helden Kragler aufleuchtet, ist ein Lampion. Brecht empfiehlt, einige Sätze des Stücks wie „Jeder Mann ist der Beste in seiner Haut" oder „Glotzt nicht so romantisch" auf Plakate zu schreiben und im Zuschauerraum aufzuhängen.

Die teilweise Zerstörung der Kulisse selbst (Kragler schmeißt den Mond – den Lampion – mit einer Trommel kaputt) sowie das Heraustreten des Helden aus der Handlung, die er explizit für gewöhnliches Theater erklärt, sind selbst noch Bestandteile der Aufführung. Der Beifall, den Brecht für dieses Stück erhielt, beruhte wohl in erster Linie darauf, daß diejenigen, die er provozieren wollte, dies als Neuigkeit genossen.

„Baal", Berlin 1926, Regie: Brecht und Homolka.

Das Bühnenbild Kaspar Nehers für die überarbeitete Aufführung des „Baal" im Februar 1926 am Deutschen Theater Berlin (vgl. Bild oben) besteht nur noch aus 2 Wänden, auf denen der Schauplatz der Handlung, der Schwarzwald, grob skizziert erscheint. Der dreidimensionale Illusionsraum wird auf der Bühne nicht einmal mehr angedeutet; der Raum wird in die zweidimensionale Fläche – die Landkarte – zurückgenommen und der Bühnenbildner wird zum Kartografen. Der Bühnenbildner als Kartograf des Schauplatzes der Handlung spielt auch nach 1945 in Brechts Theater eine beträchtliche Rolle. So etwa in dem Stück „Die Tage der Kommune", für das Kaspar Neher als Begrenzung der Bühne eine Skizze von Paris zur Zeit des Bürgerkriegs entwarf.

Walter Dexels Bühnenbild zu Brechts „Mann ist Mann"[103] (vgl. Abb. S. 108) mit seinen rein konstruktivistischen, noch entfernt an Maschinenelemente erinnernden Formen weist fast keine Diagonale, d.h.

Walter Dexel – Mann ist Mann (Bertolt Brecht); Jena, Stadttheater, 1928.

Walter Dexel, „Mann ist Mann", Jena 1928.

Räumlichkeit vortäuschende Linie auf; allerdings besaß dieses Bild möglicherweise eine stark räumlich wirkende Farbperspektive.

In dem Stück „Mann ist Mann" sind sogar die geografischen und zeitlichen Räume derart aufgelöst, daß nicht mehr eindeutig zu sagen ist, wann und wo das Stück spielt. Vage angedeuteter Ort der Handlung ist Britisch-Indien; der von den britischen Kolonialsoldaten geplünderte Tempel allerdings ist eine tibetanische Pagode, während die Gläubigen Chinesen sind. Die Zeit der Handlung ist die Gegenwart des Stückeschreibers, also 1925, auf dem englischen Thron aber sitzt Königin Victoria.

Das wichtigste an diesem Stück scheint jedoch die Auflösung kausaldeterminierter Räume zu sein. Es geht nicht mehr um die Frage nach „Ursache" und „Wirkung", sondern um das Sichtbarmachen eines Prozesses, in dem jede „Wirkung" „Ursache" ist. Es geht um den Prozeß der „Ummontierung" des Packers Galy Gay in die militärische Kampfmaschine Jeraih Jip. Die moderne (englische Kolonial-) Armee ist sowohl Ursache als auch Wirkung in einem: Sie produziert nicht nur menschliche Kampfmaschinen, die jeden Befehl befolgen, sie setzt auch, um funktionieren zu können, bereits in gewisser Weise „ummontierte" Menschen voraus: Um unerkannt als Soldat in der Masse der anderen Soldaten untertauchen zu können, muß der Packer Galy Gay schon in einer bestimmten Weise „montiert" sein. Bei einer solchen Armee spielt es keine Rolle, ob die Befehlshaber „gute" oder „schlechte" Menschen sind (der Sergeant im Stück ist ein eher harmloser Säufer), ob diese Armee ein „schlechtes" oder „gutes" Kollektiv ist, ob schließlich die Ziele „gut" oder „schlecht" sind; diese Armee wird immer funktionieren wie eine Maschine, deshalb ist das Problematische des Stücks eben nicht, wie Brecht Anfang der 30er Jahre meinte, „das falsche, schlechte Kollektiv (der ‚Bande')".[104] Dem späteren Marxisten Brecht wurde dieses Stück in der Tat zum Problem, und er versuchte für die Aufführung am Stadttheater Berlin 1931 das Kollektiv der Soldaten äußerlich zu verfremden, indem er die Darsteller mittels Teilmasken, Riesenhänden, Stelzen, Drahtbügeln etc. in Ungeheuer verwandelte. Als Marxist konnte er jedoch den Prozeß als solchen nicht in Frage stellen, weshalb auch Ihering in einer Kritik der Staatstheateraufführung den Versuch Brechts als gescheitert ansieht, „eine Theorie, die er bejaht, an Personen (zu demonstrieren, d.V.), die er verneint." [105] Auch eine nachträgliche historische Konkretisierung, wie sie Brecht 1936 vorschlägt [106], bleibt unbefriedigend. Man kann natürlich den Schauplatz ins nationalsozialistische Deutschland verlegen, aus der englischen Kolonialarmee die deutsche Wehrmacht und aus dem Tempeleinbruch einen Einbruch in eine jüdische Synagoge oder das Geschäft eines jüdischen Kolonialwarenhändlers machen usw. Solange die Verfremdung äußerlich bleibt, steht dieses Theaterstück in fataler Nähe zum „Aufklärungstheater". Vor 1933 mag Aufklärung eine wichtige Funktion gehabt haben, selbst wenn man in Rechnung stellt, daß die Nationalsozialisten ihre Ziele in aller Offenheit zynisch dargelegt hatten, vor allem auch deshalb, weil viele Massenmedien noch kaum für politische Propaganda ausgenutzt wurden bzw. noch in den Kinderschuhen steckten; spätestens nach 1936 ging es weniger um mangelnde Aufklärung als um mangelnden Widerstand gegen das Ummontieren einer ganzen Gesellschaft in eine reibungslos funktionierende Kriegsmaschine. Solange nicht *dieser* Prozeß des Ummontierens selbst in Frage gestellt und vor allem die Möglichkeiten des Widerstands dagegen (und nicht nur gegen die Ziele dieses Prozesses) sichtbar gemacht werden – also die Prinzipien des nicht-aristotelischen Theaters auch auf den Inhalt selbst angewandt werden – solange erweist es sich als unmöglich, „dem Wachstum des Helden im Kollektiv einen negativen Charakter zu verleihen."[107] Dazu war der Marxist Brecht 1931 nicht willens.

Mit „Mann ist Mann" wird Brecht bisweilen in die Nähe der „Neuen Sachlichkeit" gestellt; dies ist jedoch unsinnig. Technikgläubigkeit und Fortschrittsoptimismus spielen zwar bei vielen „Neusachlichen" eine große Rolle, das ist jedoch nicht entscheidend. Entscheidend für die „Neue Sachlichkeit"[108] ist vielmehr die Restauration aller von den Expressionisten destruierten inneren Konstruktionsprinzipien sowohl in der Malerei als auch in der Literatur und im Theater. Es geht um die Restauration des (zentralperspektivischen) Illusionsraumes im Bild, um die Rekonstruktion des literarischen und optischen Illusionskontinuums im Theater, das die Zuschauer zum Einleben und Miterleben einlädt. In der neusachlichen Oper „Maschinist Hopkins" von Max Brand gibt es wieder eine sich „entwickelnde" dramatische Handlung in 11 Bildern. 2 Personen, die gleichzeitig zwei Prinzipien verkörpern, fechten einen sich stets steigernden Kampf aus, der schließlich im 11. Bild seinen „Höhepunkt" und seine Lösung findet.

Aber nicht nur der literarische Raum ist wieder geschlossen und auf den Höhepunkt hin gerichtet, sondern auch der optische Raum ist geschlossen und perspektivisch.

„Maschinenhalle bei Nacht (...) Trotz aller Sachlichkeit soll die Konstruktion der Hauptschalttafel und ihres Aufbaus symbolhaft und altarartig wirken. (...) Ein einziger Mondstrahl (...) wirft sein magisches Licht auf den Hauptschalter, der wie ein Tabernakel glitzert (...). Der sanft bläulich leuchtende Glashintergrund und die phantastischen Umrisse der Maschinen (...) sollen die Verschmelzung von Maschinenhalle und Tempel vermitteln."[109]

U.B. 116 (Karl Lerbs), Bremen, Schauspielhaus, 1931 (U), (Wilhelm Chmelnitzky), Schlußszene (Bühnenbild Max Gschwind).

In Karl Lerbs' „U.B. 116" ist der Illusionsraum so restauriert, daß es leicht fällt, sich einzuleben: „Lerbs zeigt das Sinnbildliche jener Fahrt, das unmittelbar und erschütternd in diese Gegenwart hineinlangende Erkennen: Wir sitzen ja alle in diesem Boot. Und daraus erwächst eine — man kann es nicht anders nennen — fast antikische Ergriffenheit beim Hörer."[110]

Mit diesen von der „Neuen Sachlichkeit" restaurierten Räumen hat weder der frühe Brecht noch der Brecht der nicht-aristotelischen Ästhetik etwas zu tun, und auch das Lehrstücktheater läßt sich nicht ohne weiteres der Neusachlichkeit zuordnen, wie noch zu zeigen sein wird.

Es ist zu fragen, ob der Experimentierraum des nicht-aristotelischen Theaters sich in den architektonischen Grenzen der traditionellen Guckkastenbühne überhaupt verwirklichen läßt, oder ob unter *architekto-*

nischen Aspekten das ‚Totaltheater' von Gropius angemessener wäre. Das antike Amphitheater und die halbierte Rundarena mit halbkreisförmiger Spielebene scheint, analog zu unseren heutigen Fußballstadien, der Überschaubarkeit eines Kampffeldes gedient zu haben:

> „*Die Antike war eine Zivilisation des Schauspiels gewesen. – ‚Der Menge den Anblick und die Überschauung Weniger verschaffen' – diesem Problem wurde die Architektur der Tempel, der Theater, der Zirkusse gerecht. Mit dem Schauspiel dominierten die ‚öffentliche Lebensweise', die Intensität der Feste, die sinnliche Nähe. In diesen von Blut triefenden Ritualen gewann die Gesellschaft ihre Kraft und bildete für einen Augenblick gleichsam einen einzigen großen Körper. Die neuere Zeit stellt das umgekehrte Problem: ‚Wenigen oder einem Einzelnen die Übersicht Vieler zu gewähren'. In einer Gesellschaft, in der die Hauptelemente nicht mehr die Gemeinschaft und das öffentliche Leben sind, sondern die privaten Individuen einerseits und der Staat andererseits, können die Beziehungen nur in einer Form geregelt werden, die dem Schauspiel genau entgegengesetzt ist.*" [111]

Brecht hatte bekanntlich von Anfang an eine große Vorliebe für den Sport, und des öfteren pries er das Publikum der Sportpaläste als vorbildlich.[112] Seine Sympathie für Boxer und Boxkämpfe bedarf keines Beleges mehr; die Verwandtschaft des brechtschen Theaters mit Kampfspielen ist (sowohl inhaltlich als auch formal) kein Zufall. Hier wie dort wird der „Raum" selbst durch die Bewegung, durch das sich stets ändernde Verhältnis der Spieler zueinander, ständig neu gebildet. „Für den Bühnenbauer des epischen Theaters ist der Raum gegeben durch die Stellung, welche die Personen zueinander einnehmen und die Bewegungen, die sie vollführen." [113] Für die (natürliche) Bewegung der Spieler aber ist die Grundfläche, der Boden, wichtig, nicht so sehr die Begrenzungswände; diese machen den Raum eher starr und unbeweglich, zumal wenn sie, bemalt als Kulissen, Gebäude, Landschaften oder ähnliches vortäuschen sollen.

> „*Ganz abgesehen davon, daß es für ein Bild nur ein paar wenige Sitze im Zuschauerraum gibt, von denen aus es seine volle Wirkung ausübt und es von allen anderen Sitzen aus mehr oder weniger deformiert erscheint, hat das als Bild komponierte Spielfeld weder die Eigenschaft einer Plastik noch eines Terrains, obgleich es beides zu sein vorgibt. Das gute Spielfeld darf erst fertig werden durch das Spiel der sich bewegenden Figuren.*" [114]

Ein nicht überschaubares Spielfeld würde diesen Anforderungen wohl kaum gerecht; soll tatsächlich ein *Raum* durch die Bewegungen der Spieler konstituiert werden, so muß die dritte Dimension, also die Tiefe der Grundfläche, einsehbar sein. Daraus ergibt sich zwingend für den Zuschauer eine Position *schräg oberhalb* des Feldes; anders läßt sich durch Bewegung kein Raum erzeugen, und das wiederum legt eine z.B. unseren Fußballarenen entsprechende Architektur nahe. Zumindest als eine Möglichkeit hat Brecht dies durchaus in Erwägung gezogen: „Er (der Bühnenbildner, d.V.) hat die Decke in ein Traggerüst für Aufzüge umzuwandeln, und selbst den Transport des Spielfeldes in die Mitte des Zuschauerraumes hat er in Erwägung zu ziehen." [115]

Sicherlich würde ein Amphitheater oder eine halbrunde Arena einige Techniken des Verfremdungseffektes überflüssig machen, die im Illusionsraum der Guckkastenbühne unbedingt erforderlich sind. Der Zuschauer im Fußballstadion käme z.B. nicht auf die Idee, in eine „andere Zeit" zu schlüpfen. Die Zeit des Fußballspiels ist *seine* Zeit, ist seine Gegenwart, auch dann, wenn die Spieler im Gewand napoleonischer Soldaten oder römischer Legionäre auftreten sollten.

Diese Tatsache wird optisch schnell klar, wenn man die Szenenfotos von Brechtaufführungen betrachtet. Ist der Kamerastandort schräg *oberhalb* der Bühne gewählt, so wird — entsprechend dem Proszenium oder der antiken Arena — eine „Draufsicht" auf ein Feld ermöglicht, also ein Beobachtungsraum konstituiert, der einen Überblick gewährt (vgl. Abb. S. 114).

Befindet sich die Kamera dagegen ungefähr auf gleicher Höhe mit der Bühne, so entsteht fast von selbst der (auch) optische Eindruck beim Zuschauer, er befände sich „auf der Bühne", also innerhalb des Handlungskontinuums — das ist bis heute der Illusionsraum unserer „Lichtspiel-Theater", des Films. In *diesem* Raum wirken die technischen Mittel des Verfremdungseffekts möglicherweise anders als in einem Beobachtungsraum, nämlich vorwiegend grotesk. „*Es bedurfte eines kühnen Gedankensprungs, um zu erkennen, daß nicht das Verhalten von Körpern, sondern von etwas zwischen ihnen Liegendem, das heißt, das Verhalten des Feldes, für die Ordnung und das Verständnis der Vorgänge maßgebend sein könnte*", [116] notierte Albert Einstein hinsichtlich des neuen physikalischen Weltbildes und bestätigte damit die Theatertheorie Brechts.

Überdies begünstigt das Feld der Arena eher als die „Sprechbühne" des Guckkastentheaters die Assoziation der Schauspielkunst mit ihren

Schwesterkünsten, „nicht um ein ‚Gesamtkunstwerk' herzustellen, in dem sie sich alle aufgeben und verlieren, sondern sie sollen, zusammen mit der Schauspielkunst, die gemeinsame Aufgabe in ihrer verschiedenen Weise fördern, und ihr Verkehr besteht darin, daß sie sich gegenseitig verfremden." [117]

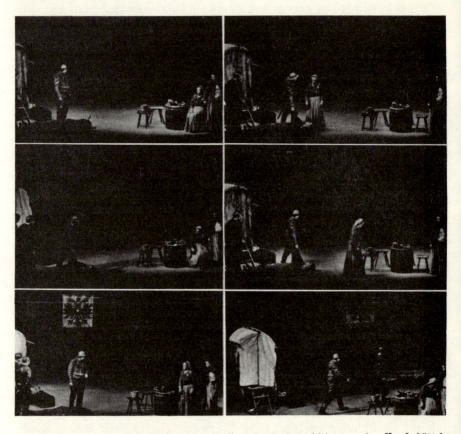

Des Feldwebels „was, du hast ihn nie gesehen" wird mit einem kleinen raschen Kopfschütteln zurückgewiesen. Wenn die Leiche herausgetragen wird, schaut die Courage der Giehse nicht nach. Ohne Übergang und lautlos fällt sie vornüber vom Hocker.
Wichtig scheint uns, daß die Courage einen langen Gang zur Bahre hat und wieder von der Bahre zum Faß zurückgeht.
(Courage – Berlin)

Das assoziative Zusammenspiel der Künste, in dem die Widersprüche nicht ausgelöscht werden, ist weiteres Wesensmerkmal brechtschen Theaters, und dies macht es in vollem Wortsinn zu *dialektisch-konkretem Theater*.

Eine so verstandene Assoziation der Künste wäre in der Tat „ein Schritt auf dem Weg zu einem wünschenswerten mythischen Modell. Nötig vor allem, um weiterzukommen, ist nicht die Rückkehr zu Harmonie und Stabilität, wie so viele Kritiker der bestehenden Verhältnisse — einschließlich der Marxisten — zu meinen scheinen, sondern eine Lebensform, welche die Grundkomponenten älterer Mythen — Theorien, Bücher, Vorstellungen, Gefühle, Laute, Institutionen — als sich gegenseitig beeinflussende, jedoch antagonistische Elemente einführen. Brechts Theater war ein Versuch, solch eine Daseinsform zu schaffen."[118]

Fraglich ist jedoch, ob der Film sich tatsächlich, wie Feyerabend meint, besser eignet, die brechtschen Vorstellungen zu verwirklichen; Brecht selbst hat nur wenige Experimente mit dem Film gemacht und war damit wohl nicht sehr zufrieden. Der Film hat zu sehr „Produkt"-Charakter, d.h. er ist als fertiger Film nur schwer durch unmittelbares Eingreifen beeinflußbar. Vor allem aber muß der Film auf einer zweidimensionalen Fläche Räumlichkeit vortäuschen, d.h. neue Illusionsräume konstituieren, wenn er Personen und/oder Sachen zeigen will.

So unzulänglich ein nur optisch überschaubares Feld zur Verwirklichung des nicht-aristotelischen Theaters wäre, so unzulänglich bleibt ein nur literarisch „überschaubarer" Raum. Brecht hat in „Die Geschäfte des Herrn Julius Cäsar"[119] versucht, einige Techniken der nicht-aristotelischen Ästhetik erzählend auf die römische Geschichte zur Zeit Cäsars anzuwenden — dieses Romanfragment blieb unvollendet.

Ähnlich wie Brecht verfährt der zeitgenössische französische Philosoph Michel Foucault, der, wenn auch aus einer anderen geistesgeschichtlichen Richtung kommend und als Philosoph vorwiegend literarisch arbeitend, sich als „Archäologe der Humanwissenschaften"[120] begreift. Sein methodischer Grundzug ist gleichfalls „die Position eines Blicks von außen"[121], und auch er geht davon aus, daß es nicht reicht, lediglich die Aussagen einer Epoche zu untersuchen.[122]

Allerdings faßte Brecht genau wie Karl Korsch das Denken und Sagen, vor allem belehrt durch die deutschen Nationalsozialisten[123], durchaus als eine (ganz bestimmte) Form der Tätigkeit auf.

Der wesentliche Vorteil der neuen brechtschen Ästhetik als einer Theaterpraxis scheint gegenüber einer vorwiegend philosophisch-literarisch arbeitenden „Archäologie der Wissenschaft" aber in ihrer Anwendbarkeit auf die Gegenwart, auf das Hier und Jetzt zu sein, denn „kritisch wäre die Archäologie demnach nur im Hinblick auf vergangene Ordnungen,   bzw. auf alles, was mit der gegenwärtigen nicht übereinstimmt"[124], während die brechtsche Technik es erlaubt, auf dem Theater auch die Stoffe der Gegenwart als historisierte, d.h. als erkennbare, aber doch zugleich fremd erscheinende Gegenstände [125] zu „vergegenwärtigen". „Nicht länger flüchtet der Zuschauer aus der Jetztzeit in die Historie; die Jetztzeit wird zur Historie." [126] Damit ermöglicht es die nicht-aristotelische Ästhetik, nicht nur die Geschichte, sondern auch die Gegenwart gegen den Strich zu bürsten.

Anmerkungen

1 Material Brecht-Kontradiktionen 1968 - 1976. Erfahrungen bei der Arbeit mit Stücken von Bertolt Brecht. Broschüre aus Anlaß des 4. Kongresses der Internationalen Brecht-Gesellschaft, unterstützt von der University of Texas at Austin, des College of Humanities und des Department of Germanic Languages vom 17. bis 20. November 1976 in Austin, Texas. Vorgelegt von Wolfgang Storch, Berlin, S. 3 (zit.: Material Brecht).

2 Reiner Steinweg: Das Lehrstück – ein Modell des sozialistischen Theaters, Brechts Lehrstücktheorie. In: alternative 78/79, a.a.O., S. 102 - 116; weitere Literaturangaben a.a.O.

3 Der Begriff „Lehrstücktheater" umfaßt lediglich die von Brecht ausdrücklich so bezeichneten Stücke im Zusammenhang mit den fragmentarischen theoretischen Überlegungen zu einer „Lehrstücktheorie": also „Lindberg" (1929); „Der Lindbergflug" (1929); „Lehrstück" (1929); „Lehrstück vom Jasager" (1929); „Fatzer" (1930); „Der böse Baal der asoziale" (1930); „Der Brückenbauer" (1930); „Die Ausnahme und die Regel" (1931); „Die Ausnahme und die Regel. Zweiter Teil" (1930 - 33) und „Die Horatier und die Kuratier" (1934).

4 So Hildegard Brenner in: alternative 78/79, S. 101.

5 So Ruth Fischer in: Stalin und der deutsche Kommunismus. Zit. nach: alternative 78/79, S. 145.

6 Werner Mittenzwei: Die Spur der brechtschen Lehrstücktheorie. Gedanken zur neuen Lehrstücktheorie. In: Steinweg: Modell, S. 225 ff.

7 Walter Benjamin: Versuche über Brecht. Frankfurt/M. 1971, S. 7 (zit.: Benjamin: Versuche).

8 Brecht: Zur Theorie des Lehrstücks. In: alternative 78/79, S. 125.

9 ebd., S. 126.

10 Brecht: wa Bd. 17, S. 1022 ff.

11 Brecht: wa Bd. 15, S. 83.

12 Vgl.: Siegfried Melchinger: Geschichte des politischen Theaters. 2 Bände. Frankfurt/M. 1974, Bd. 2, S. 201 (zit.: Melchinger: Politisches Theater).

13 Brecht: wa Bd. 16, S. 662.

14 „Die Einfühlung ist ein Grundpfeiler der herrschenden Ästhetik. Schon in der großartigen Poetik des Aristoteles wird beschrieben, wie die Katharsis, das heißt die seelische Läuterung des Zuschauers, vermittels der Mimesis herbeigeführt wird. Der Schauspieler ahmt den Helden nach (den Ödipus oder den Prometheus), und er tut es mit solcher Suggestion und Verwandlungkraft, daß der Zuschauer ihn darin nachahmt und sich so in Besitz der Erlebnisse des Helden setzt. Hegel, der meines Wissens die letzte große Ästhetik verfaßt hat, verweist auf die Fähigkeit des Menschen, angesichts der vorgetäuschten Wirklichkeit die gleichen Emotionen zu erleben wie angesichts der Wirklichkeit." Brecht: wa Bd. 15, S. 298.

15 Brecht: wa Bd. 16, S. 663.

16 Brecht: wa Bd. 16, S. 683.

17 Brecht: wa Bd. 16, S. 671.
Etliche der künstlerischen Mittel, die die „Verfremdung" bewirken sollen, sind freilich schon älter und auch schon vorher von Brecht verwandt worden.

18 entfällt

19 Brecht: wa Bd. 15, S. 451.

20 ebd., S. 440.

21 ebd., S. 453.

22 Brecht: AJ S. 157.

23 Erst diese Auffassung des Kunstwerks als *Teil* der je existierenden Realität und nicht deren „Spiegel" macht verständlich, daß für Brecht *jedes* Kunstwerk etwas bedeutet: Als Teil der Wirklichkeit, in der es entstanden ist, deutet es auf andere Teile dieser Wirklichkeit hin. Vgl.: Brecht: wa Bd. 15, S. 430.

24 Brecht: Kleines Organon, S. 672.

25 Brecht: AJ, 24.8.1940.

26 Korsch bezeichnet die marxsche Dialektik 1923 als Organon für eine einheitliche, praktisch und theoretisch kritische, umwälzende Tätigkeit. Vgl.: Ders.: Marxismus, S. 133.

27 Paul Feyerabend: Wie die Philosophie das Denken verhunzt und wie der Film es fördert. In: H.P.Duerr: Unter dem Pflaster liegt der Strand. Berlin 1975, Bd. 2. S. 224 ff. (zit.: Feyerabend: Philosophie).

28 Paul Feyerabend: Philosophie, S. 229.

29 Brecht: Kleines Organon, S. 686.

30 ebd., S. 693.

31 ebd., S. 694.

32 Brecht: Kleines Organon, S. 679.

33 Brecht: Neue Technik der Schauspielkunst. In: wa Bd. 15, S. 347.

34 Ders.: AJ 17.10.1940.

35 So schrieb Brecht um 1936 über ein Bild von Marc: „Mir gefallen die blauen Pferde (von Franz Marc, d.V.), die mehr Staub aufgewirbelt haben als die Pferde des Achilles. Und ich ärgere mich, wenn den Malern zugerufen wird, sie dürften Pferde nicht blau malen; darin kann ich kein Verbrechen sehen, die Gesellschaft wird diese leichte Entstellung der Wirklichkeit verschmerzen. Ja, im Notfall, sagen wir, um die Maler nicht zu verstimmen, könnten unsere Biologen sogar versuchen, blaue Pferdefelle zu züchten, wenns nicht allzuviel Zeit nimmt, in kleinstem Umfang natürlich." Vgl.: Brecht: wa Bd. 18, S. 269.

36 Brecht: wa Bd. 20, S. 169.

37 Brecht: AJ, 1.11.1940.

38 Brecht: wa Bd. 16, S. 656.

39 Vgl. Knopf: Brecht, S. 149 ff.

40 „Die Bekämpfung der Ideologie ist zu einer neuen Ideologie geworden", äußerte Brecht 1938 gegenüber Benjamin. In: Benjamin: Versuche, S. 133.

41 Brecht: wa Bd. 16, S. 619.

42 Brecht: wa Bd. 15, S. 268.

43 Ders.: wa Bd. 16, S. 539 f.

44 Ders.: wa Bd. 15, S. 196.

45 Erwin Piscator gründete mit Hermann Schüller im Herbst 1920 in Berlin ein „Proletarisches Theater – Bühne der revolutionären Arbeiter Groß-Berlins", das die Tradition des vom „Bund für proletarische Kultur" im Herbst 1919 gegründeten „Proletarischen Theaters" weiterführen sollte, allerdings schon im April 1921 verboten wurde. Es folgten weitere Experimente, bei denen in Ansätzen das ‚Epische Theater' entwickelt wurde. Vgl. Fähnders / Rector: Linksradikalismus Bd. 1, S. 138 ff. Ferner: Erwin Piscator: Das politische Theater. Reinbek bei Hamburg 1963. (zit.: Piscator: Theater).

46 Brecht: wa Bd. 15, S. 294.

47 Vgl. Jung: Torpedokäfer, S. 315.

48 Brecht: wa Bd. 18, S. 129.

49 Walter Benjamin: Das Kunstwerk im Zeitalter seiner technischen Reproduzierbarkeit. Drei Studien zur Kunstsoziologie. Frankfurt/M. 1963, 7. Aufl. 1974, S. 7 - 65.

50 Brecht: wa Bd. 16, S. 680.

51 Vgl. Bürger: Avantgarde, S. 98 ff.

52 Das bürgerliche Subjekt fühlt sich, wie Staatstheoretiker Willms richtig bemerkt, nur im „Gemachten" sicher, da es nur dort seine Grundbestimmung, nämlich Macht und Herrschaft, ausüben kann. Die Kunst der Avantgarde war insofern antibürgerliche Kunst, als sie zugleich mit dem Illusionsraum den bürgerlichen Herrschaftsraum *im Bild* zerstörte. Vgl. Willms, Bernard: Die politischen Ideen von Hobbes bis Ho Tschi Minh. 2. Aufl. Stuttgart 1972, S. 17.

53 Brecht: wa Bd. 18, S. 279.

54 Arnold Hauser: Sozialgeschichte der Kunst und Literatur. München 1973, S. 997. (zit.: Hauser: Sozialgeschichte der Kunst).

55 Die von Bürger aufgestellte Behauptung, das im Zusammenhang mit dem Kubismus auftauchende „künstlerische Prinzip der Montage" verzichte auf „Gestaltung des Bildganzen", die „Teile emanzipieren sich vom Ganzen" und verlören damit ihre Notwendigkeit, ist höchst zweifelhaft. Vgl. Bürger: Avantgarde, S. 98 ff. Den Kubisten, vor allem aber den

Konstruktivisten, geht es um nichts so sehr wie um das „Bildganze", allerdings nicht mehr um einen „ganzen" Illusionsraum. Die Teile emanzipieren sich keineswegs vom Ganzen, sondern von der Diktatur des Fluchtpunktes – sie verlieren keineswegs ihre Notwendigkeit, sondern beziehen diese aus ihrem Verhältnis zu den anderen Teilen. Ihre Notwendigkeit ist damit eine unmittelbare, nicht mehr eine „vermittelte". Bei Mondrian beispielsweise ist *kein* Bestandteil des Bildes *nicht* notwendig – jedes Bild ist ein genau konstruiertes Ganzes. Raoul Hausmann, Dadaist und einer der ersten „Fotomonteure", schreibt: „die dadaisten, die das statische, das simultane und das rein phonetische gedicht ‚erfunden' hatten, wandten auf die bildliche Darstellung konsequenterweise die gleichen principien an. sie waren die ersten, die das material der fotografie benutzten, um aus strukturteilen besonderer, einander oftmals entgegengesetzter dinglicher und räumlicher art, eine *neue einheit* zu schaffen, die dem chaos der kriegs- und revolutionszeit ein optisch und gedanklich neues spiegelbild entriß." raoul hausmann: fotomontage. In: a - z blatt 16, köln mai 1931, S. 61. In: Bohnen/Backes: Seiwert Schriften. Auf das Montageprinzip bei Symbolisten und Surrealisten, das sich in vieler Hinsicht von dem von den Kubisten entwickelten unterscheidet, kann hier nicht eingegangen werden, ebenso nicht auf die Rekonstruktion des zentralperspektivischen Raumes in der „Neuen Sachlichkeit", die Vorläufer des „sozialistischen Realismus" wie der faschistischen „Kunst" wurde.

56 Hauser: Sozialgeschichte der Kunst, S. 1006.
57 In Bezug auf den Menschen unserer Zeit sagt Brecht, man müsse in der neuen Kunst „nicht von ihm, sondern auf ihn ausgehen." Vgl. Brecht: wa Bd. 16, S. 682.
58 Hier ist die Ähnlichkeit der Technik Brechts mit der verschiedener kubistischer Collagen, etwa Picassos „Nature morte" von 1912 oder „Un violon accroché au mur" von 1913 (Vgl. Bürger: Avantgarde, S. 100 f.) zu suchen: sie verlangen sinnliche Tätigkeit: Bewegung der Augen. Erst das optische „Abtasten" der Details, das optische „Ausmessen" der Beziehungen der Teile, die eventuell selbst vorgenommenen „Umbauten", kurz: die in Bewegung gebrachte Sinnlichkeit, die ihrerseits das Bild „in Bewegung" bringt, kann dieser Technik etwas abgewinnen, da zwar keineswegs der Zwischenraum, wohl aber der zentralperspektivische Illusionsraum und damit der beherrschende Zugriff unmöglich geworden ist.
59 Brecht: Der Messingkauf. In: Ders.: wa Bd. 16, S. 5.
60 Brecht: wa Bd. 16, S. 683 f.
61 ebd., S. 680.
62 ebd.
63 Brecht: wa Bd. 13, S. 301.
64 Diesen Hinweis verdanke ich dem Kunsthistoriker Uli Bohnen. In der chinesischen Schauspielkunst fand Brecht die Techniken zur Erzielung des Verfremdungseffekts ebenfalls vor; er betonte allerdings, nachdem er die Übereinstimmungen festgestellt hat, „die Experimente des neuen deutschen Theaters entwickelten den Verfremdungseffekt ganz und gar selbständig, es fand bisher keine Beeinflussung durch die asiatische Schauspielkunst statt." In: Brecht: wa Bd. 16, S. 627.
65 Brecht: wa Bd. 16, S. 686.
66 Brecht: AJ, S. 140.
67 Brecht: wa Bd. 17, S. 992.
68 F.Schiller: Die Braut von Messina. Vorrede über den Gebrauch des Chors in der Tragödie. In: Ders.: Werke in 5 Bänden. Berlin und Weimar 1969, Bd. 5, S. 285 f.
69 Brecht: wa Bd. 16, S. 678.
70 Brecht: wa Bd. 16, S. 671.
71 Hellmuth Karasek: Brecht ist tot. In: Der Spiegel Nr. 9/1978.
72 Gustav Landauer: Revolution. Berlin 1974, S. 26/27.
73 Gustav Landauer: Revolution, S. 9.
74 Knopf: Brecht: S. 24.
75 ebd., S. 163.
76 ebd., S. 162.
77 Herbert Ihering: Aktuelle Dramaturgie. Berlin 1924.

78 Thomas Koebner: Das Drama der Neuen Sachlichkeit und die Krise des Liberalismus. In: Wolfgang Rothe (Hrsg.): Die deutsche Literatur in der Weimarer Republik. Stuttgart 1974, S. 42.

79 Bertolt Brecht: Kriegsfibel. Berlin 1968, S. 23.

80 Ders.: Organon. wa Bd. 16, S. 693.

81 ebd., S. 694.

82 Brecht: Organon. wa Bd. 16, S. 679.

83 Brecht: Neue Technik der Schauspielkunst. wa Bd. 16, S. 752/53. Einzelne Gesten wären für Brecht etwa bejahendes Kopfnicken, illustrierende Gesten wie diejenigen, die die Größe einer Gurke beschreiben, oder auch die Vielfalt der Gesten, die seelische Haltungen wie Verachtung oder Ratlosigkeit demonstrieren. Der Gestus ist ein ganzer Komplex einzelner Gesten, der die Beziehung von Menschen zueinander zeichnet.

84 „Wenn jetzt der Begriff ‚episches Theater' aufgegeben wird, so nicht der Schritt zum bewußten Erleben, den es nach wie vor ermöglicht. Sondern es ist der Begriff nur zu ärmlich und vage für das gemeinte Theater; es braucht genauere Bestimmungen und muß mehr leisten." Brecht: wa Bd. 16, S. 701.

85 Vgl. Melchinger: Politisches Theater. Bd. 2, S. 101.

86 Melchinger: Politisches Theater. Bd. 2, S. 151/152.

87 ebd. S. 177.

88 Vgl. Helmut Grosse: Die szenische Entwicklung in Beispielen. In: Weimarer Republik. Herausgegeben vom Kunstamt Kreuzberg und dem Institut für Theaterwissenschaft der Universität Köln. Berlin und Hamburg 1977, S. 717 ff. (zit.: Grosse: Szenische Entwicklung).

89 Brecht: wa Bd. 16, S. 682.

90 Grosse: Szenische Entwicklung, S. 718.
„Seit den um die Jahrhundertwende einsetzenden wegweisenden Reformversuchen von Adolphe Appia und Edward Gordon Craig wird das gemalte Bühnenbild mehr und mehr durch eine selbständige Bühnenarchitektur ersetzt und damit die Bühne als Raum anerkannt. Von Kubisten, Futuristen und Konstruktivisten behandelte bildnerische Probleme wie Durchdringung von Raum und Zeit, Entmaterialisierung, Darstellung des Dynamischen finden Eingang ins Theater, das unter dem Einfluß der internationalen Kunstrichtungen analog zur Abwertung des Bildinhalts die traditionelle Bindung an die Literatur lockert und zunehmend als optische Sensation empfunden wird."
Dirk Scheper: Theater zwischen Utopie und Wirklichkeit. In: Tendenzen der Zwanziger Jahre. 15. Europäische Kunstausstellung. Berlin 1977, S. 1/192.

91 Hans Schwerte: Anfang des expressionistischen Dramas: Oskar Kokoschka. In: Zeitschrift für deutsche Philologie, Bd. 83, Heft 2, Berlin 1964, S. 171 ff.

92 ebd., S. 183.

93 Alle Beispiele aus: Helmut Grosse: Die Szenische Entwicklung.

94 ebd., S. 717.

95 Walter Gropius: Das Totaltheater. In: Erwin Piscator: Das politische Theater. Hamburg 1963, S. 125 - 128.

96 ebd., S. 126.

97 Heinz Kindermann: Theatergeschichte Europas. Band III: Das Theater der Barockzeit. Salzburg 1959, S. 7.

98 Melchinger: Politisches Theater. Bd. 2, S. 194.

99 Brecht: wa Bd. 15, S. 452.

100 ebd., S. 453.

101 ebd., S. 443 f.

102 Vgl. John Willet: Das Theater Bertolt Brechts. Eine Betrachtung. Reinbek bei Hamburg 1964, S. 13.

103 Grosse: Die szenische Entwicklung, S. 731.

104 Brecht: wa Bd. 17, S. 951.

105 Herbert Ihering: Von Reinhardt bis Brecht. Eine Auswahl der Theaterkritiken 1909 - 1932. Hrsg.: Rudolf Badenhausen. Reinbek b. Hamburg 1967, S. 327.

120

106 Brecht: wa Bd. 17, S. 987 f.
107 ebd., S. 951.
108 „Diesem Ethos der ‚Sachlichkeit', das seit 1925 als Schlüsselbegriff der Epoche in Politik, Wirtschaft, Werbung, Philosophie, Wissenschaft und Kunst gebraucht wurde, korrespondierte der seit der Rundfrage des Kunstblatts 1922 registrierte Neue Realismus. Diesen bezeichnete Hartlaub in seinem Rundschreiben, das er im Hinblick auf eine Ausstellung in der Mannheimer Kunsthalle am 18.5. verschickte (sie kam erst 1925 zustande), zum ersten Mal als ‚Die neue Sachlichkeit'."
Eckhart Gillen: Die Sachlichkeit der Revolutionäre. In: Wem gehört die Welt — Kunst und Gesellschaft in der Weimarer Republik. Berlin 1977, S. 213.
109 ebd., S. 788.
110 ebd., S. 796.
111 Michel Foucault: Überwachen und Strafen, S. 278.
112 Vgl. Brecht: Mehr guten Sport. In: wa Bd. 15, S. 81.
113 ebd., S. 448.
114 ebd., S. 442.
115 Brecht: wa Bd. 15, S. 440.
An anderer Stelle spricht Brecht in Bezug auf das Stück „Aus Nichts wird Nichts" davon, die Schauspieler sollten bestrebt sein, „die wenigen grundgedanken herauszustellen wie eine fußballmannschaft". Vgl. Steinweg: Modell, S. 105.
116 Albert Einstein / Leopold Infeld: Die Evolution der Physik. Von Newton bis zur Quantentheorie. Reinbek b. Hamburg 1970 (12. Auflage), S. 194.
117 Brecht: wa Bd. 16, S. 74/75.
118 Feyerabend: Philosophie, S. 236.
119 Brecht: wa Bd. 14, S. 1171 - 1310.
120 Michel Foucault: Die Ordnung der Dinge. Eine Archäologie der Humanwissenschaften. Frankfurt/M. 1971.
121 Walter Seitter: Michel Foucault — Von der Subversion des Wissens. In: Michel Foucault: Von der Subversion des Wissens. München 1974, S. 159.
122 „Daher sagen die Aussagen alles, was sie sagen können und verbergen nichts, handelt es sich um vollkommen zynische und transparente Aussagen. Dennoch gibt es Dinge, die nicht gesagt werden können, nicht im moralischen Sinne, weil sie uneingestehbar wären, sondern im physischen Sinne, weil sie nicht zur Ordnung des Sagens gehören: Sie können nur getan werden und existieren nur in diesem Modus, der sich im übrigen genausowenig verbirgt wie der andere. (...) Es reicht also nicht aus, die herrschenden Aussagen einer Epoche zu kopieren, weil man ihre Beziehung und ihre Verzahnung mit den entscheidenden Aktionsformen zur gleichen Epoche freilegen muß. Kurz, man muß das Gesamtsystem wiederherstellen oder erfinden, dem die Aussagen nicht als seine eine Hälfte angehören, sondern als eine Anzahl von Segmenten, mit denen sich ganz anders gebildete Segmente verzahnen."
Gilles Deleuze: Kein Schriftsteller: ein neuer Kartograph. In: Ders./ Michel Foucault: Der Faden ist gerissen. Berlin 1977, S. 129.
123 „Das Denken wird vom Faschismus als ein Verhalten behandelt. Als solches ist es (neu!) eine juristische, eventuell kriminelle Handlung und wird mit entsprechenden Maßnahmen beantwortet." Brecht: Notizen zur Philosophie. In: wa Bd. 20, S. 167.
124 Seitter: Foucault, S. 161.
125 Brecht: Organon, wa Bd. 16, S. 680.
126 Brecht: wa Bd. 16, S. 610.

IV. Zum Verhältnis von nicht-aristotelischer Ästhetik und Lehrstücktheater am Beispiel von „Leben des Galilei" und „Die Maßnahme"

Mit seinem 1938/39 im dänischen Exil in wenigen Wochen fertiggestellten Schaustück „Leben des Galilei" war Brecht zunächst keineswegs zufrieden – er notierte 1939 (!): *„LEBEN DES GALILEI ist technisch ein großer rückschritt wie FRAU CARRARS GEWEHRE allzu opportunistisch. man müßte das stück vollständig neu schreiben, wenn man diese 'brise, die von neuen küsten kommt, diese rosige morgenröte der wissenschaft', haben will. alles mehr direkt, ohne die interieurs, die ,atmosphäre', die einfühlung. und alles auf planetarische demonstration gestellt. die einteilung könnte bleiben, die charakteristik des galilei ebenfalls. aber die arbeit, die lustige arbeit, könnte nur in einem praktikum gemacht werden, im kontakt mit einer bühne. es wäre zuerst das FATZER-fragment und das BROTLADEN-fragment zu studieren. diese beiden fragmente sind der höchste standard technisch."* [1]

Brechts Bedenken richten sich gegen die bei diesem Stück besonders große Gefahr des „Einlebens" bzw. der Identifikation mit den Darstellern und dem Dargestellten – Galilei ist ja eine historische Figur, die sich nicht beliebig modellieren und montieren läßt, ebenso wie die Auseinandersetzungen der in Galilei auftretenden neuen Wissenschaft mit den herrschenden Mächten jener Zeit historisch sind. Da sich sowohl die bürgerlich-kapitalistischen als auch die sich selbst als sozialistisch bzw. kommunistisch bezeichnenden Gesellschaften auf „Wissenschaft" berufen, liegt eine Identifikation des Zuschauers von vornherein nahe. Aus diesem Grunde konnte „Leben des Galilei" relativ problemlos zum klassischen Exilstück in Ost und West werden.

Mit Hilfe der traditionellen Präsentationsweise im Illusionsraum des Guckkastentheaters kann so der wissenschaftsgläubige Zuschauer in Ost und West den Kampf der fortschrittlichen Wissenschaft gegen den finsteren Aberglauben des Mittelalters „nacherleben"; die Identifikation ist um so größer, je „realistischer" der Held auch in seinen Schwächen und Unzulänglichkeiten dargestellt wird, und die „List der Vernunft" (bisweilen auch als „Dialektik" gepriesen) stellt sicher, daß selbst offenkundig unverantwortliches Handeln am Ende der „Wahrheit zum Sieg verhilft". Genau diese Auslegung aber wollte Brecht verhindern: *„Es wäre eine große Schwäche des Werkes, wenn die Physiker* *recht hätten, die mir — im Ton der Billigung — sagten, Galileis Widerruf seiner Lehre sei trotz einiger ‚Schwankungen' als vernünftig dargestellt mit der Begründung, dieser Widerruf habe ihm ermöglicht, seine wissenschaftlichen Arbeiten fortzuführen und der Nachwelt zu überliefern."* [2]

Daß diese Interpretation nicht so sehr eine des Textes als vielmehr eine der ästhetischen Präsentationsweise ist, hat der Stückeschreiber deutlich gesehen:

Galileo Galilei 1564 - 1642

„An und für sich kann ‚Leben des Galilei' ohne größere Umstellung des zeitgenössischen Theaterstils aufgeführt werden, etwa als ein historischer ‚Schinken' mit einer großen Rolle. Eine konventionelle Aufführung (die wenigstens den Aufführenden keineswegs als konventionell zum Bewußtsein zu kommen brauchte, um so weniger, wenn sie originelle Einfälle aufwiese) müßte jedoch die eigentliche Kraft des Stückes beträchtlich schwächen, ohne dem Publikum ‚einen leichteren Zugang zu eröffnen'. Die hauptsächlichen Wirkungen des Stücks würden verfehlt, wenn das Theater nicht eine adäquate Umstellung vornimmt. Die Antwort ‚das geht hier nicht' ist der Autor gewohnt; er bekam sie auch zu Hause." [3]

Wollte der Stückeschreiber von Anfang an keinen „historischen Schinken" herstellen, so wurde seine Distanz bei der Erarbeitung der amerikanischen Fassung, die er zusammen mit Charles Laughton 1945/46 vornahm, durch ein militärisches Ereignis noch vergrößert: *„Nichts an diesem Aspekt hatte sich geändert, als ich, Jahre danach, daran ging, zusammen mit Charles Laughton eine amerikanische Fassung des Stückes herzustellen. Das ‚atomarische Zeitalter' machte sein Debüt in Hiroshima in der Mitte unserer Arbeit. Von heute auf morgen las sich die Biographie des Begründers der neuen Physik anders. Der infernalische Effekt der Großen Bombe stellte den Konflikt des Galilei* *mit der Obrigkeit seiner Zeit in ein neues, schärferes Licht. Wir hatten nur wenige Änderungen zu machen, keine einzige in der Struktur."* [4]

Mit der Zerstörung Hiroshimas war nicht nur die Person Galilei für Brecht eine andere geworden, auch die Wissenschaft, die Galilei mitbegründet hatte, konnte nicht mehr die gleiche sein. „Die Atombombe ist sowohl als technisches als auch soziales Phänomen das klassische Endprodukt seiner wissenschaftlichen Leistung und seines sozialen Versagens." [5] Angesichts der aktuellen Ereignisse konnte es nicht mehr allein darum gehen, das persönliche Verhalten Galileis der Obrigkeit seiner Zeit, also der Kirche gegenüber, in Frage zu stellen, nunmehr ging es auch um die Wissenschaft selber, die „aufs Spiel zu stellen" war, d.h., die Verfremdung der nicht-aristotelischen Ästhetik war nicht nur auf *die historische Person* Galilei, sondern auch auf die von diesem begründete neue „Weltanschauung" konsequent anzuwenden. Das fand einen ersten Niederschlag in den amerikanischen Aufführungen mit Charles Laughton:

„Wir einigten uns über folgendes:

1. *Die Bühnendekorationen sollen nicht so sein, daß das Publikum glaubt, sich in einer Stube des mittelalterlichen Italien oder im Vatikan zu befinden. Das Publikum soll dabei der Überzeugung bleiben, es befinde sich in einem Theater.*

2. *Der Hintergrund soll mehr zeigen als die unmittelbare Umgebung Galileis; er soll in phantasievoller und artistisch reizvoller Art die historische Umgebung zeigen. Er soll dabei Hintergrund bleiben. (Das letztere wird erreicht, wenn die Dekoration z.B. nicht selber durch Farbigkeit brilliert, sondern den Kostümen der Schauspieler hilft, wenn sie die Plastik der Figuren verstärkt, indem sie selber flächenartig bleibt – auch wenn sie Plastisches enthält usw.)."* [6]

Die Tendenz, mit Galilei die moderne Wissenschaft selbst aufs Spiel zu setzen, also das Stück konsequent zu einer „planetarischen Demonstration" zu machen, behielt Brecht auch während der Proben zu einer Aufführung am Schiffbauerdammtheater bei. „Brecht erklärte: Hier spielt man ein Werk der Wissenschaft, und es stellt sich heraus, daß das so wenig in der Tradition der Schauspielkunst liegt, daß sich niemand aufregt über die Wissenschaft. Die Schauspieler sind gewöhnt, sich aufzuregen, wenn eine Schlacht verloren geht – aber nicht über die Wissenschaft." [7]

Daß Brecht auch 1956 den Demonstrationscharakter viel stärker betont haben wollte, zeigen u.a. die Bühnengestaltungen Caspar Nehers. Aus den Abbildungen ist zu ersehen, daß der „Bühnenraum" eher einem grob skizzierten Feld ähnelt, daß hier, ähnlich wie bei einer Landkarte, Koordinaten eines Handlungsfeldes vorgegeben und nicht etwa geschlossene optische Illusionsräume angestrebt werden – man könnte Neher auch den Kartografen Brechts nennen.

„Wie der Musiker seine Freiheit zurückbekommt, indem er nicht mehr Stimmungen schaffen muß, die es dem Publikum erleichtern, sich haltlos den Vorgängen auf der Bühne hinzugeben, so bekommt der Bühnenbildner viel Freiheit, wenn er beim Aufbau der Schauplätze nicht mehr die Illusion eines Raumes oder einer Gegend erzielen muß. Da genügen Andeutungen, jedoch müssen sie mehr geschichtlich oder gesellschaftlich Interessantes aussagen, als es die aktuelle Umgebung tut. Im Moskauer Jüdischen Theater verfremdete ein an ein mittelalterliches Tabernakel erinnernder Bau den ‚König Lear'; Neher stellte den ‚Galilei' vor Projektionen von Landkarten, Dokumenten und Kunstwerken der Renaissance; im Piscator-Theater verwendete Heartfield in ‚Tai yang erwacht' einen Hintergrund von drehbaren beschrifteten Fahnen, welche den Wandel der politischen Situation notierten, der den Menschen auf der Bühne mitunter nicht bekannt war."[8]

Der wesentliche Unterschied der letzten Fassung des Stücks gegenüber der von 1938/39 besteht also weniger in den (ohnehin geringfügigen) Textveränderungen als vielmehr in der konsequent verfremdeten Präsentation, die nun den „Blick von außen" auch auf die Wissenschaft und nicht nur auf den Wissenschaftler ermöglicht. Ein Proszenium, also ein halbrundes Theater, wäre unter architektonischen Gesichtspunkten vielleicht ideal – im Beobachtungsraum verändert sich der Charakter des Stückes entscheidend. Erst der Verzicht auf das „Nacherleben" gesicherter Wahrheiten und das Zusehen, das gelernt sein will, kann diesem Stück die Aktualität zurückgeben.[9]

Da wäre zunächst Galilei selbst, der „neue Typ" des Forschers, der in keiner Weise der Karikatur des „Gelehrten" entspricht. Er ist nicht der blutleere Denker, sondern der sinnlich tätige Mensch. Forschen ist ihm eine lustvolle sinnliche Angelegenheit, „seine wohlige Art, auf und ab zu gehen und sein Spiel mit den Händen in den Hosentaschen beim Planen der neuen Forschungen reicht an die Grenze des Anstößigen."[10]

Bisweilen beruft er sich auf seine unbezwingliche Wissensgier „wie ein ertappter Sexualverbrecher sich auf seine Drüsen beruft."[11] Er genießt

Nehers Bühnenskizzen zu „Galileo Galilei"

das Forschen ebenso wie das Essen und Trinken – er ist sinnlich, aggressiv, impulsiv und neugierig.

Vor allem aber ist er auch deshalb kein „Gelehrter" im traditionellen Sinn, weil ihn die „bestens gesicherten Wahrheiten" seiner Zeit wenig bekümmern. Gängige Schulweisheiten interessieren ihn kaum, und nicht die Kenntnis der „Klassiker" seiner Zeit bringt ihn auf neue Ideen, sondern vielmehr deren Unkenntnis, zumindest aber das bedenkenlose Hinwegsetzen über alle anerkannten Lehren. Als Typus des Anti-Gelehrten, als praktisch-sinnlich Tätiger, der seine eigenen Experimente veranstaltet und selbst zusieht, ist er überhaupt erst in der Lage, andere als die bekannten und „gesicherten" Wege seiner Zeit einzuschlagen. Dies hat sich, wie unter anderen der amerikanische Wissenschaftstheoretiker Paul Feyerabend anhand der Geschichte der modernen Naturwissenschaften selbst gezeigt hat, bis heute nicht geändert. [12]

Eine spezielle Form sinnlicher Wahrnehmung, nämlich das Sehen, wird zu jenem entscheidenden Motiv des Stückes. Galilei hat etwas gesehen und beabsichtigt, seine Gegner zu überzeugen, indem er sie ebenfalls zum Gebrauch der Sinne anregt.

„Ich werde sie bei den Köpfen nehmen und sie vor das Rohr schleifen. Auch die Mönche sind Menschen, Sagredo. Auch sie erliegen der Verführung durch Beweise. Der Kopernikus, vergiß das nicht, hat verlangt, daß sie seinen Zahlen glauben, aber ich verlange nur, daß sie ihren Augen glauben. Wenn die Wahrheit zu schwach ist, sich zu verteidigen, muß sie zum Angriff übergehen. Ich werde sie bei den Köpfen nehmen und sie zwingen, durch dieses Rohr zu sehen." [13]

Allerdings handelt es sich hier zunächst nicht um ein „neues" Sehen, wie der Brecht-Forscher Jan Knopf meint [14], sondern ganz profan um das Sehen als sinnlichen Vorgang. Nicht das Sehen, sondern das Fernrohr ist neu.

Aufgrund der Bilder, die das neuartige Rohr liefert, wird das, was auch vorher schon zu sehen war, lediglich anders *interpretiert*. Das wird in der ersten Szene deutlich, wo Galilei seinen Schüler Andrea fragt, ob er verstanden habe, was er ihm bezüglich der Erdbewegung erklärt habe, und dieser antwortet: „Aber ich sehe doch, daß die Sonne abends woanders hält als morgens. Da kann sie doch nicht stillstehen! Nie und nimmer!" [15] Es ist nun kaum anzunehmen, daß etwa Jan Knopf bezüglich der Sonne etwas anderes sieht als Andrea, möglicherweise wird er daraus wohl etwas anderes *folgern*; Andrea jedenfalls wird beschimpft, wenn er Galileis *Schlüsse* nicht sieht, und die Kardinäle, der Papst und endlich die Astronomen des Collegium Romanum sehen, sofern sie in das Rohr blicken, das, was Galilei auch gesehen hat – dennoch bleibt deren *Interpretation* eine andere.

So bleibt Galilei am Ende, um seine neuen Theorien als „wahr" zu „begründen", nichts übrig, als zu „naturgesetzlichen" Widerspiegelungstheorien zu greifen:

„*Barberini: Nein? Er besteht auf einer ernsten Unterhaltung. Gut. Sind sie sicher, Freund Galilei, daß ihr Astronomen euch nicht nur einfach eure Astronomie bequemer machen wollt?* Er führt ihn wieder nach vorn. *Ihr denkt in Kreisen oder Ellipsen und in gleichmäßigen Schnelligkeiten, einfachen Bewegungen, die euren Hirnen gemäß sind. Wie, wenn es Gott gefallen hätte, seine Gestirne so laufen zu lassen?* Er zeichnet mit dem Finger in der Luft eine äußerst verwickelte Bahn mit unregelmäßiger Geschwindigkeit. *Was würde dann aus euren Berechnungen?*

Galilei: Eminenz, hätte Gott die Welt so konstruiert* – er wiederholt Baberinis Bahn –, *dann hätte er auch unsere Gehirne so konstruiert* – er wiederholt dieselbe Bahn –, *so daß sie eben diese Bahnen als die einfachsten erkennen würden. Ich glaube an die Vernunft.*" [16]

Wo endlich auch die „naturgesetzlichen Begründungen" nicht mehr helfen, beteuert Galilei nichts als seinen *Glauben* an „die Vernunft", „die Wissenschaft", die „neue Zeit" etc.

Insofern geht Jan Knopfs Interpretation am Problem des Stücks vorbei, wenn er schreibt:

„*Erkenntnis durch bloße Anschauung, durch Evidenz, durch bloße Wiedergabe des Gegebenen wird durch das neue Sehen des Galilei außer Kraft gesetzt: Das bedeutet nicht, daß Anschauung grundsätzlich täuschte, aber die Wahrheit erweist sich jetzt als komplex, vermittelt. Was der Mensch unmittelbar vor Augen sieht, ist Schein, Augenschein, was Wahrheit scheint, ist bloße Einbildung, durch den Standort bedingt. (...) Das neue Sehen hat aber auch noch eine erkenntnistheoretische Konsequenz: Wenn es Unsichtbares gibt, das sichtbar zu machen ist, und zugleich das, was sichtbar ist oder sichtbar gemacht worden ist, sich als bloßer Augenschein erweist, oder erweisen kann, dann gibt es keine Gewißheit mehr dafür, daß das neue Sehen auch zugleich das richtige Sehen ist.*" [17]

Damit betrachtet Knopf Galilei vom Standpunkt der Lehrstücktheorie. Indem er einen binären Interpretationsraum konstruiert (den Raum der „Wissenschaft" gegen den Raum der „Religion", den der „Wahrheit" gegen den der „Ideologie" oder des „falschen Scheins", den der „Vernunft" gegen den des „Aberglaubens" etc.) und sich in diesem Raum auf Seiten Galileis ansiedelt, also gewissermaßen „im Kontrollchor mitspielt, kann er von „richtigem" und „falschem" Sehen sprechen. Die nicht-aristotelische Ästhetik dagegen ist auf den Beobachtungsraum aus, in dem der Zuschauer dem Kampffeld gegenübersteht und daher immer, sofern er etwas sieht, sicher sein kann, daß er „richtig" sieht – was wiederum nicht heißt, daß der Zuschauer nicht getäuscht werden könnte. Im nicht-aristotelischen Theater werden keine literarisch-theoretischen „Wahrheiten" vermittelt, dort muß jeder selbst zusehen; es geht dort nicht um das Nachvollziehen des Kampfes der wissenschaftlichen Wahrheit gegen den finsteren Aberglauben des Mittelalters, also um eine bereits entschiedene Auseinandersetzung, bei der der Zuschauer sich auf Seiten der „Wahrheit" gefahrlos niederlassen kann.

Daß es sich tatsächlich auch historisch beim Kampf Galileis mit den zeitgenössischen Vorstellungen um den Streit verschiedener Formen des Glaubens handelte, hat Paul Feyerabend in seinem Buch „Wider den Methodenzwang" [18] geschichtlich aufgearbeitet. Weder führten Galileis Beobachtungen *aus sich selbst heraus*, „an sich", zu neuen Interpretationen der „Welt", noch waren Galileis Theorien experimentell unwiderleglich – eher war das Gegenteil der Fall! Die Aristoteliker verfügten nicht nur über eine große Anzahl von Experimenten, die deren Vorstellungen stützten, sondern Galilei hatte auch *seine Theorie* (der Erdbewegung) durch seine eigenen Experimente mit dem freien Fall – jedenfalls im Sinne eines strengen logischen Empirismus – selbst widerlegt:

„Nach dem Argument, das Tycho überzeugte und von Galilei selbst in seinem ‚Trattato della sfera' gegen die Erdbewegung angeführt wurde, zeigen die Beobachtungen, daß ‚schwere Körper ..., die aus der Höhe herabfallen, eine senkrechte Gerade auf die Erdoberfläche zu beschreiben. Das betrachtet man als unwiderlegliches Argument dafür, daß sich die Erde nicht bewegt. Denn bei einer täglichen Umdrehung würde ein Turm, von dessen Spitze ein Stein fallengelassen wird, von der Erdumdrehung mitgenommen und würde während der Zeit, die der Stein zum Fallen braucht, viele hundert Meter nach Osten wandern, und der Stein müßte in dieser Entfernung vom Fuße des Turmes auf die Erde treffen.' " [19]

Aber nicht allein die Aristoteliker wollten Galilei (*mit dessen eigenen Waffen*) widerlegen, auch die Rationalisten waren durchaus nicht ausnahmslos überzeugt. So schreibt Descartes in einem Brief an Mersenne am 11. Okt. 1638: *„Ein großer Fehler (Galileis) scheinen mir seine ständigen Abschweifungen zu sein; auch bleibt er nicht stehen, um alles zu erklären, was jeweils zu einem Punkt gehört. Das zeigt, daß er sie nicht der Reihe nach durchdacht hat, und daß er lediglich Gründe für bestimmte Effekte sucht, ohne ... die ersten Ursachen ... betrachtet zu haben; er hat also auf Sand gebaut."*[20]

Demnach war es wohl keineswegs so, daß, wie bisweilen suggeriert wird, das ptolemäische System zur Zeit Galileis nur noch auf schwachen Füßen stand und lediglich durch den verbohrten Widerstand einiger vertrottelter Kardinäle aufrecht erhalten wurde — eher das Gegenteil trifft zu! Es stand auf sehr festen Füßen, war experimentell bestens „abgesichert" und konnte viele Erscheinungen des damaligen Lebens durchaus „erklären" — viel mehr, als Galilei damals erklären konnte. Indem er etliche der „bestens abgesicherten Wahrheiten" seiner Zeit bedenkenlos fallen ließ und alle Gegenargumente beiseite schob, bedurfte Galilei in der Tat eines festen Glaubens an sich und seine neuen Anschauungen. Dies hat sich bis heute im Prinzip *nicht* geändert. Weder in den Geistes- und Sozialwissenschaften noch in den Naturwissenschaften (die bisweilen auch als die „exakten" Wissenschaften bezeichnet werden) gibt es irgendeine Theorie, zu der nicht etliche Experimente durchführbar wären und auch durchgeführt wurden, die ihr widersprechen oder doch zumindest nicht durch sie erklärt werden können. Die Forderung nach „Widerspruchsfreiheit" wäre, absolut gesetzt, das Ende *aller* Wissenschaft.

Schließlich spielt das Sehen für die Person Galileis selbst eine Rolle: Als dieser nämlich zum theoretischen Systematiker wird, d.h. als er seine Experimente in ein geschlossenes System bringt, indem er sein Hauptwerk schreibt, verdirbt er sich die Augen. Am Ende kann er fast nichts mehr sehen, muß geführt werden und ähnelt so manchem seiner „Gegen-Spieler" wie etwa dem alten Kardinal in der 6. Szene.

Das Aufs-Spiel-Stellen der Produktion neuer „Wahrheiten"[21] macht indessen noch anderes sichtbar, nämlich die Produktion und die Wirkungsweise neuer Machttechniken. Mit Hilfe seiner Demonstrationen mit und ohne Geräten wie Fernrohr, Stein, Wasserschüssel etc. appelliert Galilei zwar an die Sinnlichkeit seiner Zuschauer, aber das tat die Kirche mit ihrer Prachtentfaltung auch. Neu an Galileis Versuchen ist

hingegen der sozial-psychologische Effekt: War z.B. die streng rituali-
sierte Messe der katholischen Kirche ihrem Wesen nach immer Wider-
holung von bereits Bekanntem, so erzeugen Galileis Experimente eine
vorher unbekannte *Dynamik der Neugier.*

Die Eisprobe aus „Das Leben des Galilei": Gert Schaefer, Ernst Busch, Jochen Scheidler,
Lothar Bellag (Berliner Ensemble).

Die sich aus dieser Tatsache ergebenden neuen Machttechniken dringen
gewissermaßen tiefer in die Körper ein als diejenigen der Kirche, da sie
eine ganz spezielle prinzipiell unendliche Lust zum und am „Wissen",
eine unendliche Neugier also, erzeugen. Jedes Experiment Galileis ist,
einmal durchgeführt, für den Zuschauer schon fast uninteressant, es
fordert aber sofort weitere Experimente. *Nicht* uninteressant ist ein
einmal bekanntes Experiment allein für den Demonstrator: Er kann es
geschickt einsetzen, um bei „unwissenden" Zuschauern Erstaunen,
Verblüffung und eben diese eigenartige Neugier zu erzeugen — vorausgesetzt, die Zuschauer haben das Experiment eben noch nicht gesehen.
Damit ist ein Gefälle zwischen „Wissenden" und „Unwissenden" *Voraussetzung* für Galileis neue Wissenschaft, mag sich dieser verbal auch
noch so demokratisch gebärden.[22] Die Machtmittel der Kirche sind vor-

wiegend körperlich wirksam und reichen nur bis an die Haut: Folter-
werkzeuge, Zwang zum Widerruf, Einschließung etc. Ob der „bekehrte"
Wissenschaftler „wirklich" glaubt, ist der Kirche egal. Freilich spielt
der Glaube auch innerhalb der neuen experimentellen Wissenschaft
noch eine gewisse Rolle: Wer nicht zunächst daran glaubt, daß Experimente überhaupt zu etwas gut sind, den dürften sie kaum interessieren,
und so befindet sich der Wissenschaftler in der für ihn etwas pikanten
Situation, die Vertreter der Kirche zuallererst *glauben* machen zu müssen, der Blick in sein neues Rohr sei von irgendeiner Wichtigkeit. Den
Blick derer, die er überzeugt hat, richtet Galilei mit seinem Haupt-
medium wiederum in den Himmel, wenn schon nicht mehr in den Himmel des Glaubens, dann in den „Himmel der Wissenschaft." [23]

Wo der Glaube an Experimente allein nicht reicht, tritt ein neuer Glaube hinzu: Der an das ‚eigentliche Geschäft der Wissenschaft', „Galilei:
Welches besteht in ...   Andrea: ... dem Studium der Eigenschaften der
Bewegung, Mutter der Maschinen, die allein die Erde so bewohnbar
machen werden, daß der Himmel abgetragen werden kann." [24]

Der neue Glaube an die schrankenlose Macht von Naturwissenschaft
und Technik, sofern diese nur ‚in den richtigen Händen' sind und ‚zum
Wohle aller' angewandt werden, ist in weiten Bereichen bis heute unge-
brochen. [25] Bereits Engels formulierte, daß dereinst die Menschen sogar
ihre eigene Geschichte mit vollem Bewußtsein selbst machen werden [26],
und diese Metaphysik bildet bis heute eine der Grundlagen der verschiedenen Formen der Sozialdemokratie einschließlich der Parteikommunisten; wo dieser Anspruch praktisch durchgesetzt werden sollte, hat
er sich als ebenso zerstörerisch erwiesen wie jeder andere absolute
Glaube auch.

Nun mag es nicht weiter verwundern, wenn Beamte eines Staates, in
dem die Wissenschaft (freilich die des Marxismus-Leninismus) Staats-
religion ist, eine konsequente Anwendung der Verfremdung auf „Leben des Galilei", also ein Aufs-Spiel-Stellen dieser Wissenschaft selber, ablehnen. So ist, wenn man Ernst Schumacher folgen will [27], im
Falle des „Galilei" nur eine illustrierende, keine demonstrierende Präsentation realisierbar. Nach Schumacher ist zwar ein Zweifel an verschiedenen persönlichen Eigenschaften des Helden, nicht jedoch an dem
von diesem vertretenen neuen „Weltbild" möglich: Die Funktion einer
illustrierenden Aufführung liege in der Vermittlung eben dieses Weltbildes, und eine „Verfremdung" könne allenfalls die Funktion haben,
„die richtigen Gefühle" auszulösen. [28] In den westlichen Industrie-

staaten ist die gegenwärtige Situation faktisch nicht sehr weit von der der Ostblockländer entfernt. Der Griff „kompetenter Fachleute" nach immer mehr Schalthebeln der Macht vollzieht sich auch hier unter Berufung auf ein bestimmtes „Wissen", das angeblich notwendig sei nicht nur zum Regieren, sondern auch noch zur Kritik der „Fachleute" selbst.

„Die moderne Philosophie soll binnen kurzem so weit sein, letzte Werte des Menschen empirisch beweisen zu können. Die Deontik, die Wissenschaft dessen, was der Mensch wirklich zu tun hat, blüht." [29]

Brecht jedenfalls war von der Konstruktion eines Gegensatzes zwischen „falschen alten" und „richtigen neuen" Weltbildern weit entfernt — ihm kam es auf Demonstration praktikabler Modelle an, gleichgültig, ob diese nun „wissenschaftlich" waren oder nicht. So notiert er im Arbeitsjournal am 16.5.42: *„ich finde, nebenbei, bei SINGER magdalenean drawings of bison with arrows embedded in the heart, from the cavern of Maux on the Ariége. (s. Bild unten, d.V.) das sind gute exemplare praktikabler definitionen in der kunst, wenn der mensch*

der steinzeit wirklich geglaubt hat, daß ‚the mere representation of these animals, in the act of being slain, might result in their falling within his power', so war das ein recht leicht erklärlicher aberglauben. das wissen, wo das herz des büffels sitzt, gibt dem jäger allerdings magische kräfte." [30]

Noch während Brecht die nicht-aristotelische Ästhetik entwarf, machte er sich Gedanken zur Stellung der Lehrstücke im neuen Theater: *„der* *gesamtplan für die produktion breitet sich allerdings immer mehr aus. die einzelnen werke haben nur aussicht, wenn sie in einem solchen plan stehen. zu DIE GESCHÄFTE DES HERRN JULIUS CAESAR muß DER TUIROMAN treten. zu den dramen die lehrstücke.''*[31]

Stellt man nun neben „Galilei" „Die Maßnahme" als *Lehrstück*, das heißt, sieht man letzteres zusammen mit der Lehrstücktheorie im strengen Sinne, dann ist schnell klar, daß es sich dabei inhaltlich wie auch formal um eine Art Gegenstück zum „Galilei" handelt. Die Form ist dann ein perspektivisch auf einen Fluchtpunkt (im wörtlichen Sinn) hin orientierter geschlossener *literarischer* Raum. Insofern allein wäre der Betonung der grundsätzlichen Andersartigkeit des Lehrstücktheaters, wie sie Reiner Steinweg in seiner „Neuinterpretation" konstatiert, zuzustimmen.[32] Seine Anfang der 70er Jahre vorgenommene, in mancher Hinsicht „bahnbrechende Neuinterpretation" stellt die Lehrstücktheorie unter 5 zentralen Aspekten dar:

„– Brecht konzipierte das Lehrstück als Theater ohne Publikum, zum ,Spielen für sich selber', als Theater zur Selbstverständigung und Selbstbelehrung.

– Die sechs brechtschen Lehrstücktexte, von denen 4 unmittelbar für den schulischen Gebrauch bestimmt sind, arbeiten vor allem mit negativen (oder, wie Brecht sagt, ,asozialen') Mustern von Haltungen, Sprechweisen und Gesten.

– Lehrstücke haben ,keine sich entwickelnden Charaktere, sondern weisen vielmehr unterschiedliche und widersprüchliche Situationen auf, die wie ein Thema mit Variationen aus verschiedenen Perspektiven um ein gegebenes Problem zentriert sind'.

– Es handelt sich nicht um Thesenstücke, bei denen die Textaussage das Lernziel darstellt.

– Die Texte sind nur als Vorlagen gedacht. Sie können und sollen nach eingehender spielpraktischer Prüfung kritisiert, ergänzt und/ oder variiert werden.''[33]

Diese recht zutreffende Charakterisierung verdeutlicht, worum es sich handelt: um *Manöver im Raum literarisch-theoretischer Denkmöglichkeiten*. Es werden „Versuche" veranstaltet, bei denen es keine Beobachter, sondern nur mehr Teilnehmer gibt, die sich zudem in einem abstrakten Raum befinden, der *nicht* mit einem historischen und/oder gegenwärtigen identifizierbar sein soll!

„Als Ausgangspunkte für die Übungen wären Texte, die auf besondere historische oder aktuelle politische Probleme oder Situationen festgelegt sind, sogar ungeeignet. ‚Versuchsanordnungen' müssen einzelne Faktoren der Wirklichkeit isolieren; sie können nicht eine besondere Wirklichkeit in ihrer Ganzheit untersuchen oder repräsentieren, wenn sie verwertbare Aussagen und Erkenntnisse ermöglichen sollen. Begreift man die Texte ferner als bloße Vorlagen, als Eingaben in einen realen Prozeß, so müssen sie schon deshalb notwendig einen gewissen Grad von ‚Abstraktheit' haben. Dies kann man nur dann als Mangel der Lehrstücke auffassen, wenn man die Texte als für sich bestehende, fertige ‚Werke' begreift. Ihre letzte Konkretisierung erfahren Lehrstücke aber erst durch die Spieler." [34]

Gewiß werden im Lehrstück keine Thesen verkündet, die wörtlich und positiv zu verstehen wären, und die Texte mit den entsprechenden Haltungen können ergänzt und/oder variiert werden; da es sich aber um erdachte (oder wenn man will, abstrahierte) *„Idealfälle"* handelt, ist eine *entscheidende* Veränderung nicht möglich, denn dann ergäbe sich ein anderer „Idealfall", und es soll ja eben *dieser* als Muster genommen und nachgeahmt werden. Das heißt nicht, daß sich nicht zu jedem dieser Idealfälle ein Gegenteil ausdenken läßt: entweder ja oder nein, entweder die Ausnahme oder die Regel, objektiv oder subjektiv, wahr oder falsch, glauben oder wissen: Es handelt sich aber immer um *abstrakte bipolare Räume*, die entsprechende „Entscheidungen" fordern; es geht somit um Denkmöglichkeiten, um „Geschmeidigkeitsübungen für die Art Geistesathleten, wie sie gute Dialektiker sein müssen."[35] Es geht, wie Werner Mittenzwei sagt, um die „Anwendung der materialistischen Dialektik als neue Denkweise, als Denkkultur sozialistischer Menschen"[36], oder, wie es in der ‚alternative' formuliert wurde, um „das Zurverfügungstellen der dialektischen Methode, abstrahiert bis auf ‚ihre Knochen' "[37] — um *„die als gesellschaftliche Verkehrsform sich mit der Herrschaft des Proletariats durchsetzende Dialektik in der Form ihrer Antizipation im Theater, der Dialektik, die im Kapitalismus verborgen, ja auf dem Kopf steht, mit Aufhebung der Arbeitsteilung in der freien Assoziation der Produzenten aber selbst Produktivkraft wird",* [38] und so etwas gibt es nur in einem vollkommen literarischen Raum — eben im Kopf bestimmter „Geistesathleten".

Da nun im Lehrstücktheater keine Zuschauer, sondern nur „Mitarbeiter" erwünscht sind, besteht der Gebrauch eines Lehrstücks darin, „die im Text fixierten Handlungsweisen durchzuführen, Haltungen einzunehmen, Reden wiederzugeben, das bedeutet: ihnen probenweise Körper zu leihen, sie also wahrnehmbar machen, versinnlichen."[39]

Die „probenweise" Übernahme von Haltungen wirft nun im Lehrstück-theater spezielle Probleme auf, die anderer Art sind als die des nicht-aristotelischen Theaters. Soll es nicht um platte Einübung vorgegebe-ner Verhaltensmuster gehen, so ist auch hier eine Distanz des Spielers zu seiner Rolle nötig — also auf den ersten Blick eine Ähnlichkeit zum „Verfremdungseffekt" des späteren brechtschen Theaters. Bei näherem Zusehen zeigt sich jedoch, daß es sich hier um etwas gänzlich anderes handelt; die Differenz von Tun und Sagen z.B. hat im Lehr-stück eine andere Funktion und Bedeutung: *„Das, was gesagt oder ge-tan wird, war nicht das Privateigentum des zufälligen Spielers. Deshalb mußte er versuchen, alles von sich ab-, von sich wegzusetzen, seinen Text über seine Stimme in den Raum zu projizieren und seine Handlun-gen mit seinen Körperbewegungen und seinen Gebärden in den Raum zu stellen. Das Verhältnis der Spielflächen der einzelnen Spieler zu-einander wurde sehr wichtig. Es führte zu fast geometrischen Figuren, die einen festen Verlauf hatten und auch rhythmisch strukturiert wa-ren. Es war wichtig, daß Stimme und Bewegung (oder Gebärde) so kon-sequent wie möglich voneinander getrennt wurden. Jede Gebärde muß-te eine Bedeutung haben und begriffen werden können. Keine einzige Gebärde sollte Illustration des Textes sein. Illustrationen des Textes durch Gebärden wirken immer als Identifikationsmomente. Das heißt, der Spieler unterscheidet aus seinen eigenen Emotionen heraus die Aussage des Textes, anstatt sie zu demonstrieren."* [40]

Auch hier also *keine Illustration*, sondern Verallgemeinerung der Ge-bärde zur Demonstration, die aber die Unterordnung der Gebärde un-ter den Text nicht aufhebt. Diese Unterordnung der verallgemeinerten Gebärde führt zu einer „zitierenden Spielweise"[41] — eine Emanzipation und Eigenbedeutung des Gestus wie im nicht-aristotelischen Theater kann es hingegen hier nicht geben. Im Lehrstück ist der Gestus ebenso abstrakt wie der Text, ordnet sich aber dem Text unter, zitiert bzw. unterstreicht das Zitieren abstrakt, verweist aber nicht mehr auf Zwi-schenräume.

Ähnlich verhält es sich mit Emotionalität und Rationalität. Im nicht-aristotelischen Theater ging es immer um Zwischenräume, also darum, daß gezeigt wird, *wie jemand etwas* fühlt, und nicht um Darstellung des „Gefühls" an sich. Indem ein Darsteller zu einem anderen oder zu einer Sache in Beziehung tritt, sich also zu etwas anderem verhält, kann dieses Verhalten durchaus „gefühlsbetont" sein. Im nicht-aristo-telischen Theater ist der Darsteller *immer* „sachlich" (selbst wenn er sich in höchster Erregung befindet), insofern nicht „die Erregung" ge-zeigt wird, sondern, wie sich jemand über etwas erregt. Anders in der

„Maßnahme". Hier stehen sich „Emotionalität" und „Rationalität" in Form von „Subjektivität" und „Objektivität" gegenüber: Der Spontaneität und Unmittelbarkeit des jungen Genossen steht die Rationalität und Disziplin derer gegenüber, die „wissen", daß dem Geschehen eine „unerbittliche Gesetzmäßigkeit" innewohnt – in einem Raum geschlossener („objektiver") geschichtlicher Gesetzmäßigkeit hat die Unmittelbarkeit allerdings keinerlei Chancen, denn das, worum es in diesem Stück geht, ist von vornherein „objektive Tatsache" – es ist schon geschehen. Alle Interpretationen, es handle sich ja doch um ein „Spiel im Spiel" und damit um reine „Möglichkeiten", ist Augenwischerei. Gerade indem hier Möglichkeiten durchgespielt werden sollen, gerinnt der Raum der Maßnahme zur geschlossenen „Totalität", in der von vornherein alles „objektiv" festgelegt ist – es geht nur noch darum, das Geschehene zu *rechtfertigen*, also den Marxismus-Leninismus nach *rückwärts* zu beweisen. Alles Wesentliche wird berichtet, erzählt – der Kontrollchor erfährt es aus dem Munde der Berichtenden.

„Der Inhalt des Lehrstücks ist kurz folgender: Vier kommunistische Agitatoren stehen vor einem Parteigericht, dargestellt durch den Massenchor. Sie haben in China kommunistische Propaganda betrieben und dabei ihren jüngsten Genossen erschießen müssen. Um nun dem Gericht die Notwendigkeit dieser Maßnahme der Erschießung eines Genossen zu beweisen, zeigen sie, wie sich der junge Genosse in den verschiedenen politischen Situationen verhalten hat. Sie zeigen, daß der junge Genosse gefühlsmäßig ein Revolutionär war, aber nicht genügend Disziplin hielt und zuwenig seinen Verstand sprechen ließ, so daß er, ohne es zu wollen, zu einer schweren Gefahr für die Bewegung wurde. Der Zweck des Lehrstücks ist also, politisch unrichtiges Verhalten zu zeigen und dadurch richtiges Verhalten zu lehren. Zur Diskussion soll durch diese Aufführung gestellt werden, ob eine solche Veranstaltung politischen Lehrwert hat." [42]

Nun hat Reiner Steinweg das Textmaterial zu diesem Lehrstück gründlich aufgearbeitet und gezeigt, daß mindestens 5 „Fassungen" des poetischen Textes (die erste Version von 1930 ist nur teilweise gedruckt erhalten geblieben) existieren: In jedem Fall handelt es sich um durch die Kritik des Stückes notwendig gewordenen Textveränderungen, die die innere Logik der Handlung und die Rolle des jungen Genossen betreffen; die abstrakte Konstruktion der Fabel ist hingegen nicht angetastet worden.

Um diese innere Logik der Fabel zu untersuchen, kommen wir nicht umhin, sie zu historisieren, denn in einem abstrakt-literarischen Raum lassen sich die „Tatsachen" immer so einrichten, daß „alles stimmt", wie Brechts Änderungen am Text selbst zeigen. Keine marxistische Scholastik sollte davon abhalten, Brechts nicht-aristotelische Ästhetik auch auf dessen Lehrstücke, hier also „Die Maßnahme", anzuwenden, indem das einheitliche Ganze in selbständige Teile zerlegt wird, „die jeweils sofort mit den korrespondierenden Teilvorgängen in der Wirklichkeit konfrontiert werden können, ja müssen."[44]

Ausgangspunkt der Fabel ist „die Lehre der Klassiker", die von kommunistischen Agitatoren aus Moskau nach China gebracht werden soll. *„So ist es: Wir bringen nichts für euch. Aber über die Grenze nach Mukden bringen wir den chinesischen Arbeitern die Lehren der Klassiker und der Propagandisten: das ABC des Kommunismus; den Unwissenden Belehrung über ihre Lage, den Unterdrückten das Klassenbewußtsein und den Klassenbewußten die Erfahrung der Revolution. Von euch aber sollen wir ein Automobil und einen Führer anfordern",*[45] so stellen sich die Agitatoren in der 5. Fassung, die in den Jahren 1937/ 38 erstmals gedruckt und in die Gesamtausgabe eingegangen ist, vor. In der ersten Fassung von 1930 sollen die Agitatoren überdies „die Partei in den Betrieben aufbauen."[46]

Hier bereits zeigt sich, worum es geht: um die Vorstellungen Lenins von Revolution und Klassenbewußtsein. „Es kann (aber) kaum ein Zweifel bestehen, daß der gerade 1930 in deutscher Übersetzung erschienene Aufsatz ‚Der Radikalismus, die Kinderkrankheit des Kommunismus' von Lenin eine erhebliche Rolle bei der Gestaltung des ‚Maßnahme'-Textes gespielt hat." [47] In der Tat kann das kaum bezweifelt werden; die hier angedeutete Vorstellung von Klassenbewußtsein ist rein leninistisch: Dieses muß den Unterdrückten von außen „vermittelt" werden, denn was hätten sonst Karl Schmitt aus Berlin, Anna Kjersk aus Kasan und Peter Sawitz aus Moskau in China verloren?

„Diese komische Auffassung kann nicht als ‚Weiterentwicklung' des Marxismus angesehen werden, da sie seiner völligen Umkehrung entspricht. Nach Marx bestimmen das Sein das Bewußtsein und die Klassenposition das Klassenbewußtsein. Nach Lenin jedoch, in Anlehnung an Kautsky, bringt die proletarische Klassenlage in den Arbeitern ein bürgerliches Bewußtsein hervor, weil die bürgerliche Klassensituation der Intelligenz ein sozialistisches revolutionäres Bewußtsein vermittelt. Alles, was die Arbeiterklasse spontan hervorzubringen vermag, ist ein Gewerkschaftsbewußtsein, das der bürgerlichen Ideologie verfallen bleibt. Für die proletarische Revolution ist deshalb das von der bürger-

lichen Intelligenz als Partei oder Avantgarde organisierte revolutionäre Bewußtsein unerläßlich. Es übernimmt die Führung der Revolution, zu der selbstverständlich auch der Aufbau der neuen Gesellschaft gehört. (...) Stellt diese Auffassung bei Lenin noch eine besondere idealistische Interpretation des Marxismus dar, so nahm sie unter dem Begriff des Leninismus und im Rahmen der nationalen Befreiungsbewegungen den Charakter einer Elite-Theorie an, wie sie sonst nur beim bürgerlichen Faschismus zu finden ist.'' [48]

Damit müssen alle Deutungen zurückgewiesen werden, die Brechts Lehrstücke formal und/oder inhaltlich mit Karl Korsch in Verbindung bringen. Korsch hat weder mit der Theorie der Lehrstücke noch mit dem Inhalt speziell der ,,Maßnahme'' irgend etwas zu tun; er hatte vielmehr schon 1929 in einer Neubearbeitung von ,,Marxismus und Philosophie'' den Leninismus als die ,,verschwindende geschichtliche Gestalt aus einer vergangenen Periode der Arbeiterklassenbewegung'' bezeichnet. [49]

Repräsentieren die Agitatoren aus Moskau die ,,Wissenschaft'' der Klassiker, die den Ausgebeuteten Chinas überbracht werden muß, so repräsentiert der ,,junge Genosse'', den sie an der Grenze treffen und mitnehmen, laut Steinweg die ,,Ideologie''. Bereits seine Sprache sei ,,verräterisch'', wie Steinweg meint:

,,Es sind schön gearbeitete Muster idealistischer Denkweise. Der junge Genosse stellt sich (übrigens ohne nach seinen Ansichten und Gefühlen gefragt zu sein) mit Sätzen vor, wie sie von allen möglichen Leuten zu allen möglichen Zwecken, konterrevolutionären zum Beispiel, verwendet werden könnten: Mein Herz schlägt für die Revolution — Der Anblick des Unrechts trieb mich in die Reihen der Kämpfer — Ich bin für die Freiheit — Ich glaube an die Menschheit. In der dritten Fassung ergänzt Brecht diese Reihe von subjektivistisch-ideologischen Aussagen um einen Satz, der zunächst nur in der sechsten Szene vorkam: Der Mensch muß dem Menschen helfen. Noch deutlicher als die übrigen Sätze charakterisiert diese letzte Aussage, die bereits im ,Badener Lehrstück' Gegenstand der Untersuchung war, das Bewußtsein des JUNGEN GENOSSEN als ein ideologisches (Ideologie verstanden als ,falsches Bewußtsein', d.h., als Bewußtsein, das der ökonomischen und politischen, ausgeübten oder passiv erfahrenen gesellschaftlichen Praxis widerspricht).'' [50]

Man kann sich dieser Interpretation anschließen oder auch nicht — man kann auch die Auffassung vertreten, daß diese Darstellung mehr über die „Neuinterpreten" als über die Rolle des jungen Genossen aussagt, denn zumindest eins fällt hier bei alten und neuen Leninisten auf: der Energieaufwand, der dem Wortverkehr gewidmet wird. Das ideologische Profil eines jeden Bürgers anhand der Wörter, die er verwendet, auszumachen, ist bereits zu einer hohen Kunst nicht nur in der Sowjetunion geworden.

Kein geringerer als Stalin hat sich eingehend mit dieser „Kunst" beschäftigt. Hatte Marx selbst allen Arten von Schwärmern, Idealisten, Utopisten etc. wenigstens für die Anfangsphase einer Revolution noch eine gewisse Bedeutung zugestanden, so haben sie bei Steinweg von Anfang an keine Chance. Zur Verdeutlichung dessen möge man Steinwegs „Sprachanalyse" auf historische Dokumente anwenden, etwa auf das, was Bloch das erschütterndste Revolutionsdokument *aller* Zeiten genannt hat [51] ; es stammt aus der Zeit des deutschen Bauernkriegs, der für die Zeitgenossen tatsächliche eine „Weltrevolution" war: der Brief Müntzers an die Mansfelder Berggesellen, der, wie fast alle überlieferten Äußerungen Müntzers, von einer seltenen Klarheit ist, was die Bedingungen und Erfordernisse der Revolution angeht. Es reicht indessen aus, wenn man Steinwegs Interpretationsmuster auf andere Stücke Brechts, etwa auf die Äußerungen Galileis anwendet. Es muß Steinweg dann völlig unklar bleiben, wie jemand, der in kritischen Situationen stets nur seinen Glauben an Vernunft, Wissenschaft, Fortschritt etc. beteuern kann, der die „Klassiker" nicht gelesen hat und sämtliche „gesicherten Wahrheiten" beiseite schiebt, ja der (freilich im Sinn des logischen Empirismus) bereits widerlegt war [52], überhaupt irgend etwas Neues in der Wissenschaft zuwege bringen konnte. Das heißt nicht, daß Steinwegs Interpretation „falsch" wäre – im Gegenteil: Seine „Neuinterpretation" dürfte ziemlich genau dem entsprechen, was sich Brecht in den dreißiger Jahren bei der Bearbeitung der „Maßnahme" dachte; im Unterschied zu Brecht weigert sich Steinweg allerdings, den Raum der „inneren Logik" des Stückes zu verlassen, es von außen zu betrachten und zu historisieren.

Die Historisierung der „Maßnahme" ist keine neue Forderung – Alfred Kurella stellte sie bereits nach der Uraufführung.[53] Er nennt den literarischen Raum des Stückes eine „künstliche Umwelt" [54], ein „Manövergelände", auf dem das eigentliche Thema, die „These vom Primat des Verstandes über das Gefühl" [55] bewiesen werde. Dieses Thema müsse erst einmal mit den Realitäten identifiziert werden, da aus einem abstrakt „falschen" Verhalten keinerlei Lehren für ein „richtiges" Verhalten zu ziehen seien. Indem er die Handlung in das Sachsen des Jahres

1923 verlegt, kehrt er die „Aussage" gewissermaßen um: Die damalige Führung der KPD, bestehend aus Brandtler, Thalheimer und Radek (Kurella bezeichnet sie als „rechtsopportunistisch"), habe die kampfbereiten Arbeiter nicht in den Kampf geführt, da sie die Stärke des Feindes nicht genau gekannt habe.

„Es war diese Unterschätzung der Kampfkraft der Massen, diese Unterordnung der Partei unter ein Organ, das sie hätte führen müssen (den Kuliverband, lies: Betriebsrätekongreß); die Idee, man müsse erst ein vollständiges Verzeichnis der Reichswehrregimenter haben, man müßte erst die Waffen bis ins letzte sicher stellen, statt sie im Laufe der Aktion zu erobern, man müßte erst mit den anderen Stellen des Landes endgültige Vereinbarungen getroffen haben, um in Sachsen losschlagen zu können – es waren alle diese Fehler, es war die opportunistische Einstellung, der sie entsprangen, was die revolutionäre Bewegung hat im Keime ersticken lassen."[56]

Damit stellt sich Kurella in der Frage des Verhältnisses von Bewußtsein und Sein auf die Seite von Marx gegen Lenin; daß die Partei in jedem Falle führen muß, mag er nicht bezweifeln. In dieser Frage verläßt auch er nicht den Boden, der von Lenin bereits in seiner Schrift „Der Radikalismus, die Kinderkrankheit des Kommunismus" abgesteckt wurde, und der von den „Neuinterpreten" um Steinweg auch als Grundlage für die „Maßnahme" erkannt worden ist.

„Es ist doch unmöglich, daß die deutschen Radikalen nicht wissen, daß die ganze Geschichte des Bolschewismus, vor und nach der Oktoberrevolution, zahlreiche Fälle des Lavierens, Paktierens, der Kompromisse mit anderen Parteien, auch mit bürgerlichen, kennt. (...) Einen mächtigen Feind kann man nur unter größter Anspannung der Kräfte besiegen, wenn man unbedingt, aufs sorgfältigste, sorgsamste, vorsichtigste, geschickteste einen jeden – auch den kleinsten – ‚Riß' bei den Feinden, einen jeden Interessengegensatz zwischen der Bourgeoisie der verschiedenen Länder, zwischen verschiedenen Gruppen oder Schichten der Bourgeoisie innerhalb der einzelnen Länder und eine jede, auch die kleinste Möglichkeit, ausnützt, um einen Verbündeten unter den Massen zu gewinnen, mag das auch ein zeitweiliger, schwankender, unsicherer, unzuverlässiger, bedingter Verbündeter sein. Wer das nicht begriffen hat, der hat auch nicht einen Deut vom Marxismus und vom wissenschaftlichen, modernen Sozialismus überhaupt begriffen."[57]

Diejenigen, gegen die Lenin sich hier wendet, hatten längst begonnen, die „ungeahnten Möglichkeiten", von denen Lenin hier spricht, zu begreifen. Sie hatten allerdings auch genügend Anschauungsunterricht genossen bezüglich der hier grob skizzierten Politik (man vergleiche die Schriften Karl Korschs oder auch die „Thesen über den Bolschewismus"[58]).

Die leninsche Politik begann mit dem Taktieren um die Macht in den Arbeiterräten, der authentischen Organisationsform der russischen Arbeiter, an deren Aufbau die Bolschewiki keinen Anteil hatten, und führte zu einer Serie von Massakern, die jegliche Opposition in Rußland ausrottete: zuerst die autonome Bauernbewegung der Ukraine um Nestor Machnov, Boris Volin[59] und Aaron Baron, sodann die Liquidierung der Aufständischen in Kronstadt[60], an die sich (lange vor Stalin) eine Anzahl „kleinerer" Massaker anschloß. Über die Zusammenarbeit mit der Reichswehr, die zur gleichen Zeit die Aufstände in Deutschland niederschlug, ist viel geschrieben worden.[61] Den Höhepunkt dieser Politik erreichte Stalin mit der Unterzeichnung des deutsch-russischen Nichtangriffspaktes am 22. August 1939, der von vielen westeuropäischen Intellektuellen (u.a. Victor Serge und Erich Wollenberg)[62] als stupider Verrat interpretiert wurde und der den europäischen antifaschistischen Widerstand auf Jahre hinaus vollständig demoralisierte.

Nach der Unterzeichnung des deutsch-russischen Nichtangriffspaktes, Moskau, 23. August 1939

Nach Abschluß des Stalin-Hitler-Paktes scheint Brecht diese Einschätzung zeitweise geteilt zu haben, wie aus seinen Eintragungen ins Arbeitsjournal hervorgeht: „der sowjetrussische einmarsch in polen, eingeleitet durch einen sensationellen prawda-artikel, in dem der militärische zusammenbruch polens auf die unterdrückung der minoritäten zurückgeführt wurde, erweckte zunächst die angst, die USSR könnte in einen krieg an der seite deutschlands geraten. anscheinend ist das nicht der fall." [63]

Und kurze Zeit später: „*die USSR wiederum hat die bewegungsfreiheit, die sie durch den pakt gewann, zu einer bewegung benützt, die ihr die bewegungsfreiheit wieder so ziemlich genommen hat. fürchtet sie einen schnellen friedensschluß? zog sie aus dem ausbleiben der offensive den schluß, hitler würde bald von einer generalsregierung ersetzt? oder spielt sie wirklich mit dem gedanken, die welt an der seite hitlers zu erobern? genügt ein land doch nicht für den aufbau des sozialismus? das wäre wahnsinn. an der seite hitlers gibt es für jedes regime der welt nur den untergang. nichts sonst."* [64]

Bedenkt man diese *wenigen* historischen Stationen des Leninismus, so wird ohne weiteres klar, warum sich die „Neuinterpreten" des Lehrstücktheaters so verbissen weigern, etwa „Die Maßnahme" zu historisieren; allerdings finden sie bei Brecht auch genug Material zur Stützung ihrer Vorstellungen, denn dieser hatte sich selbst Anfang der dreißiger Jahre schlicht geweigert, die historisch argumentierende Kritik anzuerkennen. Daß er dennoch nicht umhinkonnte, auf diese Kritik zumindest partiell einzugehen, beweisen allein die vielen „Umschreibungen" des Stückes.

Es wäre müßig und würde überdies Bände füllen, allen Textveränderungen im Einzelnen nachzugehen — sie betreffen lediglich die „Begründungen" dafür, daß auf dem Höhepunkt der Entwicklung des Stückes (der gleichzeitig „Fluchtpunkt" ist) der „junge Genosse" umgebracht werden muß. Dies ist in allen Fassungen erhalten geblieben. Von K.A. Wittfogel („Entscheidend ist, daß alle von der notwendigen Maßnahme der Erschießung im Interesse der Sicherung durchdrungen waren")[65] über Steinweg bis zu Peter Horn sind sie von der „Notwendigkeit" der Maßnahme überzeugt. „Trotz jahrelangen Nachdenkens haben die Kritiker des Stückes noch keine bessere Möglichkeit gefunden, ohne die Prämissen Brechts zu ändern." [66] Nicht irgendwelche Menschen sprechen hier das Urteil, sondern „die Wirklichkeit", die dann vom Autor freilich jedes Jahr einmal umgeschrieben werden mußte, um wirklich „Wirklichkeit" zu bleiben: „Die Tatsache, daß er getötet werden mußte, ist der ‚Stoff', an dem der Chor lernt, und auf diesen Lernprozeß kommt es allein an." [67]

Foto der Uraufführung der „Maßnahme", aus: Schumacher: Leben Brechts in Wort und Bild, Abb. 203, S. 101.

Joachim Kaiser kommt das Verdienst zu, die Konstitution dieser „Wirklichkeit" anhand der Veränderung der Rolle „junger Genosse" eingehender untersucht zu haben, als alle Neuinterpreten bisher. Kaiser erkennt die Schwierigkeiten Brechts mit diesem Stück ganz klar: „*Brechts Dilemma sah hier so aus: Wenn er dem Vorwurf begegnen wollte, der vorgeführte Konflikt sei zu abstrakt, die Tötung des jungen Genossen wirke nicht unvermeidbar, und folglich mit großer List versuchte, den jungen Mann völlig ins Unrecht zu setzen: Dann wuchs der noch so logischen Handlungsführung jene Unerbittlichkeit zu, jene auf notwendigen und gutgeheißenen Mord hinauslaufende orthodoxe linke Rechthaberei, die dem Stück offenbar jenen Unheimlichkeitscharakter des Finsteren und Nicht-Geheuren verlieh.*" [68]

Kaiser zeigt, wie die ursprünglich durchaus möglichen (und für einen Teil des Publikums der ersten Aufführung auch sympathischen) Verhaltensweisen des jungen Genossen im Laufe der Bearbeitungen zurückgenommen werden, bis schließlich eine völlig ins Recht gesetzte „Partei" übrigbleibt. Indem die Dialektik mehr und mehr ins Objekt (die Geschichtsnotwendigkeit) verlegt wird, schließt sich der Raum der Binnenlogik derartig, daß die Rolle des jungen Mannes schließlich nur noch in einem permanenten „Aus-der-Rolle-fallen" bestehen kann − was wiederum mit „objektiver Notwendigkeit" zu dessen Tötung führen muß.

Betrachtet man die 4 „Todsünden" des jungen Mannes etwas näher, so wird deutlich, daß es sich nicht lediglich um einen Konflikt Emotionalität − Rationalität handelt. Sicherlich spielt für den jungen Genossen bei seinen ersten beiden „Fehlern" die Emotionalität eine große Rolle: einmal das Mitleid mit den Reiskahnschleppern, ein anderes Mal sein spontanes Engagement für einen (ungerechterweise) von der Polizei erschlagenen Kuli. Abgesehen davon, daß man in beiden Fällen allenfalls von taktischen Fehlern sprechen kann, ist zumindest in der Fassung von 1930 keineswegs von Anfang an klar ersichtlich, daß hier ein taktisch falsches Verhalten vorliegt: Sowohl die Reiskahnschlepper als auch der Aufseher hätten sich durchaus anders verhalten können, und durch den entstandenen Aufruhr während des Streiks erlangt der Kuliverband sogar gewisse (Teil-)Erfolge. Wenn es den Kulis nicht gelingt, diese Situationen für sich auszunutzen, so ist das wiederum doch wohl nicht allein auf den jungen Genossen zurückzuführen, es sei denn, man unterstellt (mit Lenin), daß Arbeiter von sich aus gar nicht in der Lage sind, ihre Situation grundlegend zu verändern, daß sie dazu unbedingt die intellektuellen „Kenner der Klassiker" brauchen. In den späteren Fassungen allerdings wird das Verhalten des jungen Mannes dümmer und dümmer: Er fängt an, im Beisein des Aufsehers Forderungen der Kulis zu formulieren, und in der letzten Fassung der „Maßnahme" ist der Teilerfolg des Kuliverbandes während des Streiks gestrichen.

Im dritten Fall handelt es sich nicht mehr um taktisches Fehlverhalten, sondern um politische Strategie:
Könntest du die Welt endlich verändern, wofür
Wärest du dir zu gut?
Versinke im Schmutz
Umarme den Schlächter, aber
Ändere die Welt: sie braucht es!

Selbstverständlich hat die hier von Brecht treffend zusammengefaßte Bündnis- und Machtpolitik Lenins (die in der ersten Fassung durchaus noch als in Frage gestellt begriffen werden kann) die Emotionen der linken Opposition erregt, diese hatte aber auch immer schon ganz vernünftige Gründe, sich dagegen zu ereifern:

„Es gibt eine ‚Diktatur der Mittel', und deshalb ist zum Beispiel das Mittel der Diktatur zur Verwirklichung der Freiheit nicht zu gebrauchen, ebensowenig wie der Staat ein Mittel zur Förderung der staatenlosen Gesellschaft sein kann. Ein bestimmtes Ziel ist nicht mit jedem Mittel zu erreichen, jedes Mittel hat bestimmte Folgen; man kann das Mittel deshalb nicht vom Ziel unabhängig machen," [69] so formulierte Arthur Müller-Lehning 1929 den grundsätzlichen Einwand gegen eine Politik, der jedes Mittel und jedes Bündnis recht ist, und man wird heute schwerlich behaupten können, die Geschichte habe diese Einwände widerlegt.

Die entscheidende Totsünde allerdings besteht in der Organisation eines sogenannten „verfrühten Aufstands". Als der junge Mann zu erkennen glaubt, daß das Elend der Arbeiter keinen Aufschub mehr duldet, zerreißt er seine Maske, wirft „die Lehre" der 4 „Revolutionstechniker" über Bord, und will die sofortige Aktion. Hier nimmt Brecht in der letzten Bearbeitung die weitestgehende Änderung vor: Er führt eine weitere Person ein. Ein „neuer Führer der Arbeitslosen" organisiert die Revolte, der junge Mann schließt sich ihm an, seine Genossen warnen ihn rechtzeitig, der neue Führer (mit einer Narbe hinter dem Ohr) sei Agent der Kaufleute; der junge Genosse weigert sich, dies zu glauben.

„Schnöder hat selten ein Dramatiker eine ihm unbequem gewordene Figur verraten als Brecht in dieser letzten Fassung seinen jungen Genossen. Auf den Mann mit dem fabelhaft sinnfälligen besonderen Kennzeichen, nämlich einer Narbe (in der ‚Mutter Courage' hat der Böse eine Klappe über dem Auge), der den Agitatoren als Verräter wohlbekannt ist, fällt der junge Genosse wie ein Dummkopf herein, und er verhält sich sogar noch vorsätzlich idiotisch, indem er sogar Warnungen in den Wind schlägt. (Und sehet nur, wie dumm er war, er traute einer Narbe gar).

Von diesem Narben-Mann weiß keine der früheren Fassungen etwas: Er war eine tendenziöse, spätere Erfindung Brechts, die einen heillosen Konflikt bequem verharmlosen sollte. Mitten ins Spiel werden den Agitatoren also gezinkte Karten in die Hand gedrückt. Sonst wäre das fabula docet gefährdet ..." [70]

Zweifellos kann über solche Tricks gestritten werden, aber jetzt zumindest, sollte man meinen, sei doch wohl alles klar. Man könnte vielleicht noch anfügen, wie die Organisationen sich bildeten, auf die die Sowjetunion sich dem Namen nach bis heute beruft: Der Pope Gapon hatte etwa 1903/04 in Petersburg begonnen, Arbeiterbildungsvereine zu gründen, um die wachsende Erbitterung der Arbeiter „in die richtigen Bahnen" zu lenken. Die Tatsache, daß er von der zaristischen Polizei geduldet und von der Regierung offenbar sogar gefördert wurde, konnte er damit begründen, daß es eben eine geschickte Taktik sei, so lange wie möglich legal zu arbeiten und dabei dem Zaren gegenüber den Eindruck zu erwecken, man sei nur an „Weiterbildung" interessiert. Als die Erbitterung drohte in offene Empörung umzuschlagen, organisierte er für den 9. Januar 1905 eine Demonstration zum Winterpalais, wo dem Zaren eine Petition übergeben werden sollte. Das vorher informierte Militär wartete nur darauf, ein Massaker zu veranstalten. Es blieben hunderte von Toten zurück und es kam in Petersburg zum ersten organisierten Generalstreik der Arbeiter, in dessen Verlauf spontan die ersten „Räte" gebildet wurden. Kurz darauf stellte sich heraus, daß Gapon bezahlter Polizeiagent war.[71] Es ist unwahrscheinlich, daß Brecht diese Entstehungsgeschichte der Sowjets kannte, denn nach der offiziellen Geschichtsschreibung der Sowjetunion entstanden die Räte frühestens Ende 1905 *als von den Bolschewiki organisierte* Koordinationsinstrumente.

Akzeptiert man allerdings den abstrakten Raum totalitärer „Gesetzmäßigkeiten" und versucht lediglich, diesen durch ständige „Umschreibungen" immer noch „logischer" und damit auch „zwangsläufiger" zu machen, wie es Brecht zweifellos in den 30er Jahren tat[72], so wird die „Dialektik" nicht nur zum „Naturprinzip", sondern auch zur „naturgesetzlichen Hinrichtungsmaschine":

„Im gleißenden Licht des Rationalismus, das die gegenwärtige Lehrstückszene beherrscht, sind die Schatten: Kälte, Schrecken, Kalkgrube, gänzlich entfernt. Daß im Lehrstück die Dialektik auch als Hinrichtungsmaschine zur buchstäblichen ‚Auslöschung' des Verurteilten fungiert, bedarf offenbar keiner Betonung mehr. Wohl aus dem Wunsch heraus, keinesfalls mit der antimarxistischen Lesart des Lehrstücks als stalinistischem Schreckgespenst verwechselt zu werden, wurden die spontan sich einprägenden Züge – das Sterben, Abstürzen, Verdursten, das ‚Furchtbar ist es zu töten' – gerade von einer Lehrstücktheorie, die den Akzent auf die Dialektik legt, reduziert zu ‚falschen' Ideen und Verhaltens-,Fehlern'."[73]

Nur wer diesen totalitären Raum grundsätzlich anerkennt, für den kann das „Einverständnis"[74] das Lernziel sein. Das Einverständnis in die „objektiven Abläufe" beinhaltet dann „selbstverständlich" auch das Einverständnis mit der eigenen Liquidation [75] ; es ist in einem Wort der *Raum des „Nicht-Widerstands":*

„Was tat Bucharin, der auf sich allein gestellt war, der ahnte, daß er in Ungnade fallen würde, und daß ihm der Prozeß bevorstand? Er schrieb an der Verfassung, die dann 1936 in Moskau herausgegeben wurde! Um ihn herum fängt der Archipel Gulag an zu funktionieren, das Bauernmassaker geht zu Ende, seine Parteigenossen werden gefoltert und danach verurteilt. Doch Bucharin hält nur mit Staat Zwiesprache, er stellt für ihn Regeln auf, er schreibt die ‚demokratischste Verfassung der Welt'. Der Staat säubert auf massive Weise die Gesellschaft — und wenn schon, der Denker reinigt die Sprache des Staates! Bucharin leiht dem Staat seine Stimme und hält ihm den Kopf hin, bis er fällt." [76]

Schauprozeß der Stalinzeit (Schachky-Prozeß 1928)

Allein die Tatsache, daß jemand vor Gericht steht, ist Beweis der Unfähigkeit, die „objektiven Notwendigkeiten" rechtzeitig erkannt zu haben, und damit zugleich auch noch das Urteil.

Der Verlauf der historischen Ereignisse hat jedoch gezeigt, daß jede historische Situation einzigartig ist, und daß es auf der Spitze des Ereignisses selbst eben keinerlei „nachweislich richtiges" oder „nachweislich falsches" Verhalten gibt[77] – das gibt es erst hinterher, wenn alles gelaufen ist und die marxistisch-leninistische Geschichtsperspektive *nach rückwärts* bewiesen wird, bzw. in einem Raum wie in Brechts „Maßnahme", wo dann von vornherein alles festgelegt ist.

Betrachten wir die schier endlosen Massaker unseres Jahrhunderts von der „Höhe" unserer Zeit aus, so zeigt sich deutlich, daß das Problem unseres Jahrhunderts nicht ein Mangel an Rationalität, an Wissen, an Einsicht oder Geduld, sondern ein *Mangel an Widerstand* auch und gerade bei den Intellektuellen war und ist. Nach den geschichtlichen Erfahrungen unseres Jahrhunderts sowohl in Ost- wie Westeuropa das „Einverständnis" mit den „objektiven Tatsachen" oder dem Kollektiv oder was auch immer zum Lernziel zu machen, bedeutet, den Raum der endlosen Massaker aufrecht zu erhalten.

Der Raum, der (zumindest in der letzten Bearbeitung) in der Maßnahme aufgebaut wird, ist theatralisierter Leninismus. Es wäre dennoch Unfug zu behaupten, Brecht habe mit der „Maßnahme" die Moskauer Prozesse „prophezeit", wie das Ruth Fischer tut, oder ihn in kausalen Zusammenhang mit Stalin oder dem Stalinismus zu bringen – wohl aber hat er mit diesem Stück ziemlich exakt den Raum abgesteckt, den totalitäre Systeme (wie der Stalinismus z.B.) brauchen: den total geschlossenen Raum, in dem alles festgelegt und damit „objektiv" geworden ist – dieser kann nur abstrakt-literarisch sein: Das Lehrstück ist somit als rein literarisches Theater gewissermaßen das „epische Theater" in vollendeter Form, in dem „literarisiert wird"[78], wie Brecht selbst sagt. Dieser Raum hat sich inzwischen selbst historisiert, indem alle in ihm angelegten „Möglichkeiten" ausgeschöpft wurden. „Brecht hat in der Maßnahme eine Bühnensituation konstruiert, die an eine historische erinnert."[79] In der Tat erinnert diese Bühnensituation heute an etwas: In ihr ist das Echo der Salven der Exekutionskommandos nicht überhörbar. Vielleicht war das für Brecht 1930 noch nicht absehbar – heute aber kann man nicht so tun, als sei in der Zwischenzeit nichts geschehen.

Damit ist das Lehrstücktheater als vollendetes episches Theater aber etwas ganz anderes als das, was sich Brecht später unter dem Begriff des „nicht-aristotelischen Theaters" vorgestellt hat. Bei letzterem geht es um eine neue Zuschaukunst, in dem der Produzentengedanke in den Zuschauer gelegt wird, wie Mittenzwei Steinweg entgegenhält.[80]

Endgültiges Tuikostüm. Enge, kurze Jacke,
die den Oberkörper stark einengt, die
Schultern schmal und hoch gezogen. Auf der
Glatze die Hutkrempe. Die Charakterisierung
der Tuis in der Kopfregion.
Kopf wie Oberkörper sollen eingeengt erscheinen, der übrige Körper beweglich.

Figurine und Kommentar von Ilse Träbing

Entwurf von Gabriele Sterz, an dem sich
die Auseinandersetzung über den Grad der
Realität bzw. der Abstraktion entzündete.
Ein großer Teil des Ensembles tendierte,
im Gegensatz zur Regie, zu dieser Auffassung.

Turandot – Frankfurt Theater am Turm, 1972.

Im nicht-aristotelischen Theater wird das „Feld", auf dem die Figuren agieren, selbst sichtbar gemacht, aufs Spiel gestellt. Indem es die Zuschaukunst fördert, die mindestens ebenso geübt werden muß wie das Denken, trainiert es in erster Linie die sinnliche Wahrnehmungsfähigkeit, da diese durch eine vorwiegend literarisch-theoretisch orientierte Sozialisation meist völlig unterentwickelt ist.[81]

Dementsprechend ist das Hauptproblem des nicht-aristotelischen Theaters der Widerstand, nicht das „Einverständnis" und auch nicht die „Rationalität". Weder Galilei noch z.B. die Courage scheitern, weil ihnen irgendeine geistige Fähigkeit fehlt, sondern weil sie mitmachen, weil sie nicht genügend Widerstand leisten. Die Maßnahme historisieren und damit den Leninismus „aufs Spiel stellen", also den Raum selbst sichtbar machen, in dem sich später Stalin entfalten konnte, wäre die einzig lohnende Aufgabe, die die „Maßnahme" heute erfüllen könnte. Brecht scheint dies selbst 1956 vorgehabt zu haben, wenn man Wekwerth glauben will[82], und selbst Mittenzwei behauptet im Gegensatz zu Steinweg, daß Brecht, wenn er 1956 die „Maßnahme" im Auge gehabt haben sollte, an eine „planetarische Demonstration", also ans nicht-aristotelische Theater gedacht hat.[83] Das wiederum kann sich Steinweg gar nicht vorstellen: *„Man sollte Brechts von Wekwerth überlieferte Äußerung über ‚Die Maßnahme' als Modell für das Theater der Zukunft nicht überstrapazieren. (...) Und wenn Mittenzwei recht hätte mit der Annahme, daß Brecht dabei nicht an den Typus Lehrstück in dem von ihm definierten strengen Sinne, sondern an die Möglichkeiten der ‚planetarischen Demonstration' gedacht habe, so bliebe unerfindlich, warum Brecht dann gerade ‚Die Maßnahme' und nicht ‚Leben des Galilei', mit dessen Bühnenrealisierung er zu diesem Zeitpunkt beschäftigt war, oder wenigstens ‚Die Mutter' nannte."*[84]

Vielleicht wird es für Steinweg unerfindlich bleiben — möglicherweise wird es aber dann klar, wenn man bedenkt, von wann die Äußerung datiert; Brecht tat sie wenige Monate nach dem XX. Parteitag der KPdSU, auf dem (zunächst freilich geheim) das Ausmaß der stalinistischen Periode vorsichtig enthüllt wurde. Diese „Entstalinisierung" erweckte wiederum große Hoffnungen in Ost und West — daß sie bald gebremst und zurückgenommen wurde, ist nicht Brechts Schuld. Es war ferner das Jahr des Polenaufstands und des Ungarnaufstands, die in der Tat Volksaufstände gegen die stalinistischen Parteien waren.

„Es ist nicht Sache dieses Essays, Regie-Anweisungen zu geben — doch wenn jemand ‚Die Maßnahme' endlich wagen wollte, dann müßte man

den verfluchten Rhythmus aufbrechen, Einzelheiten verstärken, die subkutanen Konflikte nicht weniger ernst nehmen als die offensichtlichen. Hanns Eislers Musik ist heute eher ein Hindernis auf diesem Wege. Böte die lehrhafte, aufgesplitterte Form nicht die Möglichkeit, die Szenerie der Rückblenden (über die sehr alt gewordene Neue Sachlichkeit hinaus) zu konkretisieren, so wie es in der Film-Fassung von Kipphardts ‚Joel Brand'-Stoff ja auch vorbildlich gelang? Der Kontrast zwischen Diskussion, Rollentausch und genauer, notfalls filmisch unterstützter Darbietung, der die ‚Illusion' stört, wäre hier keinerlei Schaden oder Stilbruch. Es geht ja nicht um den ‚Prinzen von Homburg'. Warum sollte der Satz von der ‚Verwirrung der Theorie' nicht durch den Zusammenbruch eines sichtbaren Systems akzentuiert, warum sollten Worte wie ‚Dämmerung', Assoziationen wie die von jenem ‚Elend' der Armen, das den Reichen zur Speise wird (zumal wenn die Armen so schön singen wie die Reiskahnschlepper oder die Spiritual-Sänger am Mississippi) nicht ausführlich und phantastisch vorgeführt werden können? Ist der Zusammenstoß zwischen Mentalitäten, Verpflichtungen und Zukunfts-Wahrheiten wirklich unspielbar?"[85]

Gestürztes Stalin-Denkmal.

Anmerkungen

1 Brecht: AJ 25.2.39.
2 Materialien zu Brechts ,Leben des Galilei'. Zusammengestellt von Werner Hecht. Frankfurt/M. 1963, S. 12. (zit.: Materialien zu Galilei).
3 ebd., S. 47.
4 ebd., S. 10.
5 ebd., S. 12.
6 ebd., S. 47/48.
7 Probe 21.3.56, ebd., S. 141.
   In den Entwürfen zu einem Vorwort zu „Leben des Galilei" schreibt Brecht: „Denken wir zurück an den Erzvater der experimentellen Naturwissenschaften, Francis Bacon, der seinen Satz, man solle der Natur gehorchen, um ihr zu befehlen, nicht umsonst schrieb. Seine Zeitgenossen gehorchten seiner Natur, indem sie ihm Geld zusteckten, und so konnten sie ihm, dem obersten Richter, so viel befehlen, daß das Parlament ihn am Ende einsperren mußte. Macaulay, der Puritaner, trennte Bacon, den Politiker, den er mißbilligte, von Bacon, dem Wissenschaftler, den er bewunderte. Sollen wir das mit den deutschen Ärzten der Nazizeit auch tun?" ebd., S. 16 f.
8 Brecht: wa Bd. 16, S. 697 f.
9 „Das ,Leben des Galilei' ist zwar ein historisches Stück hinsichtlich der Zeit, in der es spielt, aber seine Aussage ist keineswegs historischer Art, sondern aktuell." In: Materialien zu Galilei, S. 105.
10 Materialien zu Galilei, S. 51.
11 ebd., S. 60.
12 Vgl. Paul Feyerabend: Unterwegs zu einer dadaistischen Erkenntnistheorie. In: Unter dem Pflaster liegt der Strand. Bd. 4, Berlin 1977, S. 86, Anm. 32 (zit.: Feyerabend: Unterwegs).
13 Brecht: wa Bd. 3, S. 1260.
14 „Es handelt sich um das Motiv des Sehens, genauer: des neuen Sehens, das Brecht so über das ganze Stück verteilt hat, daß es zu seinem entscheidenden Leitmotiv wird." Jan Knopf: Bertolt Brecht und die Naturwissenschaften. In: Brecht-Jahrbuch 1978. Frankfurt/M. 1978, S. 26. (zit.: Knopf: Naturwissenschaften).
15 Brecht: wa Bd. 3, S. 1235.
16 Brecht: wa Bd. 3, S. 1286/87.
17 Knopf: Naturwissenschaften, S. 29.
18 Feyerabend: Methodenzwang, S. 108 ff.
19 ebd., S. 109/110.
20 zit. nach: ebd., S. 108.
21 „Wir leben in einer Gesellschaft, die weitgehend auf der ,Wahrheitstour' läuft – ich meine, die Diskurs mit Wahrheitsfunktion produziert und in Umlauf setzt, der als solcher gilt und damit über spezifische Mächte verfügt. Die Einsetzung ,wahrer' Diskurse (die übrigens unablässig wechseln) ist eines der Grundprobleme des Abendlandes. Die Geschichte der ,Wahrheit' – d.h. der Macht, die den als wahr akzeptierten Diskursen eigen ist – bleibt noch voll und ganz zu schreiben." Michel Foucault: Nein zum König Sex. Ein Gespräch mit Bernard-Henry Levy. In: Ders.: Dispositive der Macht. Über Sexualität, Wissen und Wahrheit. Berlin 1978, S. 178. (zit.: Foucault: Dispositive).
22 „Galilei *frühstückend*: Auf Grund unserer Forschungen, Frau Sarti, haben, nach heftigem Disput, Andrea und ich Entdeckungen gemacht, die wir nicht länger der Welt gegenüber geheimhalten können." Brecht: wa Bd. 3, S. 1236.
23 Konsequenterweise begreifen die Vertreter der Kirche dann auch Galileis neue Wissenschaft als *Konkurrenzunternehmen*.
24 Brecht: wa Bd. 3, S. 1338.
25 So zitiert Jan Knopf einen „Aufruf zur Mondlandung der Geistes- und Sozialwissenschaften" des Quantenelektronikers Gerhard K.Grau an der Universität Karlsruhe, der ältesten technischen Hochschule Deutschlands, der ganz von der Zuversicht gegenüber den Fortschritten der Natur- und Technikwissenschaften getragen und wohl auch repräsentativ

ist. Vgl. Knopf: Naturwissenschaften, S. 13.

26 Friedrich Engels: Die Entwicklung des Sozialismus von der Utopie zur Wissenschaft. In: Marx / Engels, Studienausgabe, Bd. 1, S. 179.

27 Vgl. Ernst Schumacher: Form und Einfühlung. In: Materialien zu Galilei, S. 153 ff.

28 „Auch die Vermittlung eines Weltbildes kann ein Erlebnis sein." ebd. S. 165. „Das KLEINE ORGANON kommt in eine Zeit, wo die Theater der fortschrittlichen Länder für die Erzeugung staatsgewünschter Eigenschaften mobilisiert werden. Der Einfühlungsakt wird in Helden der Arbeit usw. gelegt. Er empfiehlt sich durch seine Primitivität; aber in der Tat macht er das ganze Unternehmen primitiv. So wird die Gattung jetzt wichtig. Die meisten Stoffe der staatsbauenden Art gehören in die Gattung des Lustspiels." Brecht: AJ, 14.11.49.

29 Michael Lukas Moeller: Zwei Personen – eine Sekte. In: Kursbuch 55: Sekten. Berlin 1979, S. 25/26. Ferner: Ivan Illich: Selbstbegrenzung. Eine politische Kritik der Technik. Reinbek 1975.

30 AJ 16.5.42.

31 ebd., 16.8.38.

32 Vgl. Reiner Steinweg: Das Lehrstück, ein Modell des sozialistischen Theaters. Brechts Lehrstücktheorie. In: alternative 78/79, S. 102 ff. (zit.: Steinweg: Modell).

33 Reiner Steinweg: Auf Anregung Bertolt Brechts: Lehrstücke mit Schülern, Arbeitern, Theaterleuten. Frankfurt/M. 1978, S. 8. (zit.: Steinweg: Anregung).
Sollte allerdings jemand die Texte nicht im Sinne Steinwegs interpretieren, wie etwa Ruth Fischer, so kann Steinweg nur betonen, sie hätte den Text nicht genau gelesen.

34 Steinweg: Modell, S. 115.

35 Brecht referiert von Pierre Abraham. In: Steinweg: Modell, S. 198.

36 Werner Mittenzwei: Die Spur der Brechtschen Lehrstück-Theorie. Gedanken zur neueren Lehrstück-Interpretation. In: Steinweg: Modell, S. 245. (zit.: Mittenzwei: Die Spur).

37 Hermann Haarmann, Dagmar Walach, Jürgen Baumgarten: Zum Verhältnis von Epischem und Lehrstück-Theater. In: alternative 91, S. 189 (zit.: Haarmann: Verhältnis).

38 ebd., S. 188.

39 Steinweg: Modell, S. 106.

40 Paul Binnerts: Die Maßnahme von Bertolt Brecht. Ein politisch-didaktisches Experiment im Fachbereich Regie-Pädagogik an der Theaterschule Amsterdam. In: Steinweg: Modell, S. 342.

41 ebd., S. 339.

42 Bert Brecht: Zur Maßnahme. In: Steinweg: Maßnahme, S. 237.

43 Ein Beispiel für das, was hier mit dem Begriff „marxistische Scholastik" gemeint ist, möge genügen. Der Kürze halber nur die Substantive – die „verbindenden Worte" sind nahezu beliebig: „Die kapitalistische Gesellschaft ... arbeitsteilige Entfaltung ... Differenzierung ... Totalität ... konstituierendes Prinzip ... Produktion ... Beherrschung der Natur ... Emanzipation der Menschen ... Geschichte ... bürgerliche Gesellschaft ... Geschichtlichkeit ... Abstraktion ... Geschichte ... Ausdruck ... reale Subsumtion ... abstrakte Arbeit ... konkrete Erfahrung ... Reichtum ... Gebrauchswertproduktion ... Universalherrschaft des Wertes ... empirisches Bewußtsein ... Oberfläche ... Wirklichkeit ... Erscheinungsform ... Arbeitslohn ... das Wesentliche usw. ... Vgl. Haarmann: Verhältnis, S. 183. Der Autor möchte mit seinem Aufsatz die „Vorgänge hinter den Vorgängen entdecken und darstellen." Vgl. ebd., S. 185.

44 Brecht: wa Bd. 16, S. 655.

45 Brecht: wa Bd. 2, S. 635.

46 Zit. nach Steinweg: Maßnahme, S. 7.

47 R.Steinweg: Brechts „Die Maßnahme". Übungstext, nicht Tragödie. In: alternative 78/79, S. 137.

48 Paul Mattick: Marxismus und die Unzulänglichkeiten der Arbeiterbewegung. In: Jahrbuch 1, S. 214/15.

49 Korsch: Marxismus, S. 71. Jan Knopf etwa deutet Brechts Lehrstückphase als „idealdialektische" Periode und führt diese auf den Einfluß Korschs zurück. Vgl. Knopf: Brecht, S. 149 ff.

50 R.Steinweg: „Die Maßnahme" – Übungstext, nicht Tragödie, S. 136.

51 Er lautet: „Die reine Furcht Gottes zuvor. Lieben Brüder, wie lange schläft ihr? Wie lange seid ihr Gott seins Willens nicht geständig, darum, daß er euch nach eurem Ansehen verlassen hat? (...) Das ganze Deutsch-, Französisch- und Welschland ist erregt. Der Meister will ein Spiel machen, die Bösewichter müssen dran. Zu Fulda haben sie in der Osterwoche vier Stiftskirchen verwüstet. Die Bauern im Klettgau, im Hegau und Schwarzwald sind auf, als dreißigtausend stark, und wird der Haufe je länger je größer. Allein das ist meine Sorge, daß die närrischen Menschen sich verwilligen in einen f a l s c h e n   V e r t r a g, darum, daß sie den Schaden noch nicht erkennen. (...) Dran, dran, dran! weil das Feuer heiß ist. Lasset euer Schwert nicht kalt werden von Blut; schmiedet Pinckepanck auf dem Ambos Nimrods, werft ihm den Thurm zu Boden. Es ist nicht möglich, dieweil sie leben, daß ihr der menschlichen Furch sollt loswerden. Man kann euch von Gott nicht sagen, dieweil sie über euch regieren. Dran, dran, dran! dieweil ihr Tag habt, Gott geht euch für, folget. (...) Gegeben Mülhausen im Jahre 1525. Thomas Müntzer, ein Knecht Gottes wieder die Gottlosen."
Zit. nach: Karl Kautsky: Die Vorläufer des Neueren Sozialismus. Von Plato bis zu den Wiedertäufern. Stuttgart 1895, Erster Band, S. 298/99.

52 Vgl. S. 130f. dieser Arbeit.

53 Zit. nach: Steinweg: Maßnahme, S. 378 ff.

54 ebd., S. 384.

55 ebd., S. 387.

56 ebd., S. 382.

57 Lenin: Der ‚linke Radikalismus', die Kinderkrankheit im Kommunismus. In: Lenin, Werke Bd. 31, S. 5 - 106. Hier S. 56/57.

58 Vgl. S. 40 dieser Arbeit.

59 Vgl. Boris Volin: Die unbekannte Revolution. 3 Bände. Hamburg 1975 - 77 (zit.: Volin: Unbekannte Revolution).

60 Vgl. Victor Serge: Erinnerungen eines Revolutionärs 1901 - 1941. Vorwort Erich Wollenberg. Wiener Neustadt 1974.

61 Vgl. Franz Jung: Torpedokäfer, S. 355/56.

62 Vgl. das Vorwort von Erich Wollenberg zu Victor Serge: Erinnerungen eines Revolutionärs, a.a.O., S. IV; ferner: Ehrenburg: Leben. Bd. 2, S. 265 - 71.

63 AJ, 18.9.39.

64 AJ, 24.12.39.

65 Vgl. „Die Welt am Abend" vom 22.12.1930. Zit. nach: Steinweg: Maßnahme, S. 341.

66 Peter Horn: Die Wahrheit ist konkret. Bertolt Brechts Maßnahme und die Frage der Parteidisziplin. In: Brecht-Jahrbuch 1978, S. 58.

67 Paul Binnerts: „Die Maßnahme" von Bertolt Brecht. Ein politisch-didaktisches Experiment im Fachbereich Regie-Pädagogik an der Theaterschule Amsterdam. In: Steinweg: Maßnahme, S. 311.

68 Vgl. Joachim Kaiser: Brechts „Maßnahme" – und die linke Angst. In: Neue Rundschau, 84.Jg. 1973, S. 96 ff. (zit.: Kaiser: Brechts „Maßnahme").

69 Arthur Müller-Lehning: Marxismus und Anarchismus in der russischen Revolution. Erstmalig abgedruckt in „Die Internationale" (FAUD – Freie Arbeiter Union Deutschlands) 1929/30. Nachgedruckt Berlin-Neukölln 1969, S. 49.

70 Kaiser: Brechts „Maßnahme", S. 117.

71 Volin: Unbekannte Revolution. Bd. 1, S. 77 - 109.

72 „Begnüge dich nicht mit der Rede von der Notwendigkeit, sondern stelle klar, welche Klasse gerade diese Notwendigkeit festlegt. So bist du dem Apologeten überlegen, denn du beschreibst die gegebene Art von Notwendigkeit gründlicher und vollständiger", kommentiert Brecht Lenins Begriff der „Notwendigkeit". In: Brecht: wa Bd. 20, S. 68.

73 Hans-Thies Lehmann / Helmut Lehten: Ein Vorschlag zur Güte. In: Steinweg: Auf Anregung, S. 303.

74 Vgl. alternative 78/79, S. 113.

75 „Das Einverständnis des jungen Genossen, der in seinen Tod einwilligt, ist hier sowohl Korrektur eines taktischen Fehlers als auch endgültige unwiderrufliche Absage an die In-

dividuums-Ideologie." Hildegard Brenner: Heiner Müllers Mauser-Entwurf Fortschreibung des brechtschen Lehrstücks? In: alternative 110/111 (1976), S. 215.

76 Glucksmann: Köchin, S. 69.

77 „Wo es sich nachweislich um politisches Verhalten mit unübersehbaren, tödlichen Folgen für viele handelt ..." charakterisiert Hildegard Brenner das Verhalten des jungen Genossen in der „Maßnahme". Vgl. alternative 78/79, S. 151.

78 Bertolt Brecht: Die dialektische Dramatik. In: Steinweg: Die Maßnahme, S. 121 ff.

79 Hildegard Brenner: Die Fehldeutung der Lehrstücke. In: alternative 78/79, S. 154.

80 Werner Mittenzwei: Die Spur der Brechtschen Lehrstücktheorie. In: Steinweg: Modell, S. 225 ff.

81 „Zumindest wären solche Vorgaben eine große Erleichterung, denn es zeigt sich, daß die Fähigkeit zur Beobachtung, Erinnerung und Wiedergabe gestischer Vorgänge derzeit jedenfalls bei (nicht-proletarischen) Studenten, schwach entwickelt ist", schreibt Steinweg, und hat damit die Grundlage der nicht-aristotelischen Ästhetik ausgesprochen. Allerdings ist dies kein Problem proletarischer oder nichtproletarischer Studenten, sondern ein Problem der europäischen Kultur seit der Renaissance. Steinweg: Anregung, S. 442.

82 So berichtet Wekwerth, Brecht habe ihm 1956 kurz vor seinem Tod auf die Frage: „Brecht, nennen sie ein Stück, welches Sie für die Form des Theaters der Zukunft halten", geantwortet: „Die Maßnahme". Vgl. Brecht, referiert von Manfred Wekwerth. In: Steinweg: Die Maßnahme, S. 262 - 266. Hier: S. 265.

83 Vgl. Mittenzwei: Die Spur der Brechtschen Lehrstücktheorie. In: Steinweg: Modell, S. 225 ff. Hier: S. 231.

84 Steinweg: Modell, S. 501, Anm. 16.

85 Kaiser: Brechts „Maßnahme", S. 122.

Schlußworte

Die von Reiner Steinweg eröffnete Diskussion um die Lehrstücke ist in vieler Hinsicht Produkt der 70er Jahre. Mit der erneuten Verfestigung der durch die antiautoritäre Bewegung kurzzeitig in Fluß gebrachten gesellschaftlichen und politischen Verhältnisse der Bundesrepublik kam ein Bedürfnis nach theoretischer Schulung auf, dem insbesondere Stücke wie „Die Maßnahme" entgegenkamen. Gleichzeitig wuchs aber auch ein Interesse an der Geschichte der Arbeiterbewegung West- und Osteuropas und damit die „große Wut über die Tatsachen"[1]. Es wurde zunehmend schwerer, den Raum der „reinen" oder „bis auf die Knochen abstrahierten Theorie" abzuschotten gegen diejenigen, die den Mund mit ihrer Hilfe gestopft bekamen, denn der taube Lärm von „unterhalb" der Theorie-Geschichte wurde unüberhörbar, und es kamen da ganz andere, sehr reale Knochen ans Tageslicht – in der „Maßnahme" waren sie erst zum Vorschein gelangt.

Gerade deswegen ist die in der Nachfolge Steinwegs stehende Interpretation dieses Lehrstücks nicht „falsch", wies sie doch nach, daß der literarische Raum, oder, wenn man so will, der Binnenraum der Aussagen des Stückes, dem der Theorie Lenins, wie sie in „Der ‚linke Radikalismus', die Kinderkrankheit im Kommunismus" formuliert wurde, *weitgehend* entspricht. Während der Zeit der Arbeit an den Lehrstükken, also etwa zwischen 1928 und 1935, war Brecht Leninist, daran kann kein Zweifel bestehen. Im Gegensatz zu Brecht selbst weigern sich die um Steinweg versammelten „Neuinterpreten" jedoch, diesen Raum zu historisieren und zu verfremden.

Daß dies aus der Ecke einer sich selbst als „marxistisch" bezeichnenden Literaturwissenschaft kommt, ist indessen neu. War es bislang eine der wesentlichen Legitimationsgrundlagen und gleichzeitig Standardvorwurf gegenüber „bürgerlicher" Kunst und Wissenschaft, nicht genügend die ökonomischen, sozialen, politischen und historischen Bedingungen, unter denen sie entstehen und wirksam werden, mit zu reflektieren und einzubeziehen, so treiben nunmehr Leninisten seit Jahren einen unglaublichen Aufwand zu beweisen, daß der literarische Raum der „Maßnahme" *keinesfalls* mit irgendeiner konkreten historischen Situation in irgendeinem konkreten Land in Zusammenhang gebracht werden dürfe.

Nur: Steinweg hat sich durch seine mit Akribie durchgeführten Untersuchungen der diversen Texte zur „Maßnahme" selbst widerlegt:

159

Demnach sah Brecht sich gezwungen, diesen Text fortwährend umzuschreiben und „umzustülpen", und zwar *ausschließlich* aufgrund historich-konkret argumentierender Kritik aus den eigenen Reihen. In der Mitte der 30er Jahre hat der Stückeschreiber dann, belehrt durch die Wirklichkeit, einen gänzlich anderen Standpunkt bezogen. Die Erkenntnis setzte sich durch, daß der literarische Raum des Stückes der ist, in dem sich Stalin niederlassen konnte, ohne irgendwo „anzustoßen" oder etwas „umfälschen" zu müssen.

Diesen Raum selber sichtbar zu machen, ist Aufgabe des nicht-aristotelischen Theaters; dazu mußte es in einen Beobachtungsraum umgebaut werden. Damit hörte der Text (bzw. die Rede) auf, „Aussage" des Stückes zu sein oder die Aussage zu „transportieren". Der Text wurde als gleichberechtigter *Teil* in die „planetarische Demonstration" zurückgenommen, indem die „Gesamtmaschinerie" rekonstruiert und aufs Spiel gestellt wurde; dadurch kann die Rede als *Teil* der Gesamtmaschinerie „Stalinismus" in ihrer Wirkungsweise einsehbar, also bekannt und zugleich fremd, gemacht werden. Aus diesem Grunde ist es auch unsinnig, den *Text* wesentlich zu verändern, um eine andere „Aussage" zu erhalten – gerade das wäre *keine* „Anwendung Brechts auf Brecht". Wohl müssen die Zwischenräume mit dem historischen Material angefüllt werden, dann wäre die ursprüngliche erste Fassung diejenige, an der am deutlichsten die Wirkungsweise des Stalinismus demonstriert werden kann – gleichzeitig würde sichtbar, daß das, was bezüglich Rußlands Stalinismus genannt wird, nichts fremdes, etwa eine „asiatische Despotie", sondern etwas sehr Bekanntes, in Europa Entstandenes ist, und daß viele Mechanismen wohl noch eine Weile aktuell bleiben werden – in Ost und in West.

Ein solchermaßen umgebautes Theater bleibt dennoch Theater – die brechtsche Ästhetik läßt sich nirgends besser realisieren. Wo einige ihrer Prinzipien im Film etwa von Brecht selbst oder später von J.L.Godard Verwendung fanden, waren die Ergebnisse wenig ermutigend; wahrscheinlich ist der Film zu eng an den optischen Illusionsraum gebunden: Jedenfalls ist er nicht imstande, den spezifischen Brechtschen Beobachtungsraum, in dem eine in alle Richtungen bewegliche und nicht auf einen Punkt oder eine Fläche „gebannte" Sinnlichkeit geübt werden könnte, zu gewährleisten.

Ein Theoretiker des Irr-Sinns freilich, der, wie z.B. Steinweg, davon ausgeht, daß das, was die *eigenen* Augen sehen (und die Ohren hören), stets oder doch zumeist nur Lug und Trug und „falscher Augenschein", mithin Täuschung ist, kann mit der Entwicklung der Zuschaukunst wenig anfangen. Ist die „Erscheinungsebene" immer erst von „Geistesathleten" zu „durchbrechen", um zu den „wirklichen Vorgängen hinter den Vorgängen" zu gelangen, dann wäre es geradezu widersinnig, den eigenen Augen zu trauen – dann muß jeder Vorgang erst erklärt, in eine Theorie eingebracht werden, bevor er „verständlich" ist.

An der Differenz zwischen Lehrstück- und nicht-aristotelischem Theater wird aber auch die Widersprüchlichkeit Brechts sichtbar. Er hat nach 1933 erkannt, wie sinnlos und sogar gefährlich das Auswechseln „falscher" durch „richtige" Aussagen allein – zumal für die Sicherheit des Aussagenden – ist. Für Bekenner und Märtyrer hatte Brecht wenig Verständnis.

Stattdessen tat er viel mehr: Er zerstörte den Raum der reinen Aussagen und Theorien und baute einen neuen auf, in dem er dann u.a. seine eigenen, früheren Stücke wie etwa eben die „Maßnahme", als Material durchaus zu verwenden gedachte, allerdings nicht im Sinne Steinwegs. Es lag nahe, 1956 nach dem XX. Parteitag der KPdSU öffentlich und radikal die Frage nach den Ursachen der Stalin-Ära zu stellen – daß Brecht dies anhand seiner eigenen Produktionen tat, spricht für ihn, und anders ist, insbesondere auch nach allen bisher bekannt gewordenen privaten Aufzeichnungen, die von Wekwerth referierte Äußerung Brechts nicht zu verstehen. Wenn die „Entstalinisierung" in der Folge mit ungefähr der gleichen Ernsthaftigkeit wie die sogenannte „Entnazifizierung" betrieben wurde, so ist Brecht dafür nicht verantwortlich zu machen.

Anmerkung:

1   „Was hat sich in unseren Köpfen abgespielt, in den letzten fünfzehn Jahren? In einem ersten Anlauf würde ich sagen: ein wütender Schmerz, eine ungeduldige, aufgebrachte Sensibilität für das, was sich abspielt, eine Intoleranz gegen die theoretische Rechtfertigung und die ganze schleichende Beruhigungsarbeit, die der ‚wahre' Diskurs Tag für Tag leistet. Vor dem Hintergrund des bläßlichen Dekors, den die Philosophie, die Politische Ökonomie und soviele andere schöne Wissenschaften aufgebaut haben, haben sie plötzlich Irre erhoben und Kranke, Frauen, Kinder, Gefangene, Gemarterte und Tote zu Millionen. Gott weiß wohl, daß wir mit Theoremen, Prinzipien und Wörtern gewappnet waren, um all das zu zerbröseln. Welcher Appetit auf einmal, diese so nahen Fremden zu sehen und zu hören? Welche Besorgnis um so unfeine Dinge? Wir sind von der Wut über die Tatsachen gepackt worden. Wir haben aufgehört, die zu ertragen, die uns sagten − oder vielmehr das Getuschel in uns, das sagte: ‚Macht nichts, eine Tatsache für sich allein wird nie etwas sein; höre, lies, warte, das wird sich ferner, später , höher erklären'."
     Michel Foucault: Die große Wut über die Tatsachen. In: Ders.: Dispositive, S. 217.

Bibliographie

Brecht, Bertolt: Gesammelte Werke in 20 Bänden. werkausgabe edition suhrkamp. Hrsg. vom Suhrkamp-Verlag in Zusammenarbeit mit Elisabeth Hauptmann. Frankfurt/M. (3.Aufl.) 1973. (zit.: Brecht wa).

Ders.: Arbeitsjournal. Hrsg.: Werner Hecht. Erster Band 1938 bis 1942, zweiter Band 1942 bis 1955, 1 Band Anmerkungen von Werner Hecht. Frankfurt/M. 1973. (zit.: Brecht AJ).

Ders.: Tagebücher 1920 - 54. Hrsg.: Herta Ramthun. o.O., 1975. (zit.: Brecht: Tagebücher).

Ders.: Briefwechsel mit Karl Korsch. Internationaal Instituut voor sociale Geschiedenis. Amsterdam. (zit.: Brecht/Korsch-Briefwechsel).

Ders.: Kriegsfibel. Berlin 1968.

Materialien zu Brechts ,Leben des Galilei'. Zusammengestellt von Werner Hecht. Frankfurt/M. 1963. (zit.: Materialien zu Galilei).

Material Brecht-Kontradiktionen 1968-1976. Erfahrungen bei der Arbeit mit Stücken von Bertolt Brecht. Broschüre aus Anlaß des 4. Kongresses der Internationalen Brecht-Gesellschaft, unterstützt von der University of Texas at Austin, des College of Humanities und des Department of germanic Languages vom 17.-20. Nov. 1976 in Austin/Texas. Vorgelegt von Wolfgang Storch. Berlin. (zit.: Material Brecht-Kontradiktionen).

Abendroth, Wolfgang: Sozialgeschichte der europäischen Arbeiterbewegung. Frankfurt/M. 1965.

Alexander, Gertrud: Herrn John Heartfield und George Grosz. In: Die Rote Fahne Nr. 3, 9. Juni 1920. Nachgedruckt in: Fähnders/Rector: Literatur, S. 55 ff.

alternative. Zeitschrift für Literatur und Diskussion. Berlin: Nr. 78/79: Große und Kleine Pädagogik. Brechts Modell der Lehrstücke. Berlin Juni/August 1971 sowie Nr. 91: Brecht-Materialien I. Zur Lehrstückdiskussion. Berlin 1973. (zit.: alternative).

Arschinoff, Peter: Geschichte der Machno-Bewegung (1918-1921). Berlin 1968.

Bakunin, Michail: Worte an die Jugend. (Prinzipien der Revolution). Zwergschul-Ergänzungsheft. Berlin o.J.

Benjamin, Walter: Geschichtsphilosophische Thesen. In: Ders.: Illuminationen. Hrsg. von Siegfried Unseld. Frankfurt/M. 1961. (zit.: Benjamin: Illuminationen).

Ders.: Versuche über Brecht. Frankfurt/M. (3. Aufl.) 1971. (zit.: Benjamin: Versuche).

Ders.: Das Kunstwerk im Zeitalter seiner technischen Reproduzierbarkeit. Drei Studien zur Kunstsoziologie. Frankfurt/M. (7. Aufl.) 1974.

Berg, Jan: Produktionskunst-Konzeption zur Zeit der proletarischen Kulturrevolution in Rußland. In: Weimarer Republik, S. 823 ff.

Berkmann, Alexander: Die Kronstadt-Rebellion. In: Ernesto Grassi (Hrsg.): Texte des Sozialismus und Anarchismus. Die Rätebewegung Band 7. Reinbek b. Hamburg 1974.

Binnerts, Paul: Die Maßnahme von Bertolt Brecht. Ein politisch-didaktisches Experiment im Fachbereich Regie-Pädagogik an der Theaterschule Amsterdam. In: Steinweg: Modell, S. 299 ff.

Bloch, Ernst: Thomas Müntzer. Frankfurt/M. 1972.

Ders.: Politische Wirkungen der Ungleichzeitigkeit. In: Ders.: Erbschaft dieser Zeit. Erweiterte Ausgabe. Frankfurt/M. 1962.

Ders.: Diskussion über Expressionismus. In: Das Wort (1938). Nachgedruckt in: Schmitt: Expressionismusdebatte, S. 180 ff.

Bock, Hans Manfred: Syndikalismus und Linkskommunismus von 1918 - 1923. Zur Geschichte und Soziologie der Freien Arbeiter-Union Deutschlands (Syndikalisten), der Allgemeinen Arbeiter Union Deutschlands und der Kommunistischen Arbeiter-Partei Deutschlands. Meisenhain am Glan 1969.

Bogdanov, Alexander: Die Wissenschaft und die Arbeiterklasse. Berlin/Wilmersdorf 1920.

Bohnen, Uli: Die rheinische ‚Gruppe progressiver Künstler' 1918 - 1933. Diss. Masch. Tübingen 1974. (zit.: Bohnen: Gruppe). Als Buch erschienen unter dem Titel: Ders.: Das Gesetz der Welt ist die Änderung der Welt. Die rheinische ‚Gruppe progressiver Künstler' 1918 - 1933. Berlin 1976.

Ders./ Backes, Dirk (Hrsg.): Der Schritt, der einmal getan wurde, wird nicht zurückgenommen. Franz W. Seiwert. Schriften. Berlin 1978. (zit.: Bohnen/Backes: Seiwert/Schriften).

Brenan, Gerald: Spanische Revolution. Einleitung Achim v.Borries. Berlin 1973. (zit.: Brenan: Revolution).

Brenner, Hildegard: Die Kunstpolitik des Nationalsozialismus. Reinbek bei Hamburg 1963. (zit.: Brenner: Kunstpolitik).

Broue, Pierre / Témine, Emile: Revolution und Krieg in Spanien. Geschichte des Spanischen Bürgerkriegs. 2 Bde. Frankfurt/M. 1975.

Brüggemann, Heinz: Literarische Technik und soziale Revolution. Versuche über das Verhältnis von Kunstproduktion, Marxismus und literarischer Tradition in den theoretischen Schriften Bertolt Brechts. Reinbek bei Hamburg 1973. (zit.: Brüggemann: Literarische Technik).

Ders.: Bertolt Brecht und Karl Korsch. Fragen nach Lebendigem und Totem im Marxismus. In: Jahrbuch 1, S. 177 ff., siehe S. 185: Jahrbuch Arbeiterbewegung.

Brupbacher, Fritz: Marx und Bakunin. Ein Beitrag zur Geschichte der Internationalen Arbeiter-Assoziation und zur Diskussion über autoritären und antiautoritären Kommunismus. Berlin West 1978.

Buckmiller, Michael: Zeittafel zu Karl Korsch – Leben und Werk. In: Jahrbuch 1, S. 103 - 106. (zit.: Buckmiller: Zeittafel).

Bürger, Peter: Theorie der Avantgarde. Frankfurt/M. 1974. (zit.: Bürger: Avantgarde).

Childe, Gordon: Soziale Evolution. Frankfurt/M. 1975. (zit.: Childe: Evolution).

Deleuze, Gilles / Foucault, Michel: Der Faden ist gerissen. Berlin 1977.

Duerr, Hans Peter: Nie dieu – ni métre. Anarchische Bemerkungen zur Bewußtseins- und Erkenntnistheorie. Frankfurt/M. 1974.

Ders.(Hrsg.): Unter dem Pflaster liegt der Strand. 8 Bde. Berlin 1974 - 1977. (zit.: Unter dem Pflaster).

Ehrenburg, Ilja: Menschen, Jahre, Leben. Autobiographie. München 1962. Bd 1+2. (zit.: Ehrenburg: Leben).

Einstein, Albert / Infeld, Leopold: Die Evolution der Physik. Von Newton bis zur Quantentheorie. Reinbek bei Hamburg (12. Auflage) 1970.

Esslin, Martin: Brecht. Das Paradox des politischen Dichters. München (3. Aufl.) 1973.

Ewen, Frederic: Bertolt Brecht. Sein Leben, sein Werk, seine Zeit. Frankfurt/M. 1973. (zit.: Ewen: Brecht).

Fähnders, Walter / Rector, Martin: Linksradikalismus und Literatur. Untersuchungen zur Geschichte der sozialistischen Literatur in der Weimarer Republik. 2 Bde. Hamburg 1974. (zit.: Fähnders/Rector: Linksradikalismus).

Dies.: Literatur im Klassenkampf. Zur proletarisch-revolutionären Literaturtheorie 1919 - 1923. Frankfurt/M. 1974. (zit.: Fähnders/Rector: Literatur).

Feyerabend, Paul: Wider den Methodenzwang. Skizze einer anarchistischen Erkenntnistheorie. Frankfurt/M. 1976. (zit.: Feyerabend: Methodenzwang).

Ders.: Wie die Philosophie das Denken verhunzt und der Film es fördert. In: Unter dem Pflaster, Bd. 2, Berlin 1975, S. 224 ff. (zit.: Feyerabend: Philosophie).

Ders.: Unterwegs zu einer dadaistischen Erkenntnistheorie. In: Unter dem Pflaster, Bd. 4, Berlin 1977, S. 9 ff. (zit.: Feyerabend: Unterwegs).

Flechtheim, Ossip K.: Die KPD in der Weimarer Republik. Frankfurt/M. 1969. (zit.: Flechtheim: die KPD).

Foucault, Michel: Überwachen und Strafen. Die Geburt des Gefängnisses. Frankfurt/M. 1977. (zit.: Foucault: Überwachen).

Ders.: Die Ordnung der Dinge. Eine Archäologie der Humanwissenschaften. Frankfurt/M. 1971.

Ders.: Von der Subversion des Wissens. München 1974. (zit.: Foucault: Subversion).

Ders.: Nein zum König Sex. Ein Gespräch mit Bernard-Henry Levy. In: Ders.: Dispositive der Macht. Über Sexualität, Wissen und Wahrheit. Berlin 1978. (zit.: Foucault: Dispositive).

Gallas, Helga: Marxistische Literaturtheorie. Neuwied und Berlin 1971.

Gäng, Peter / Reiche, Reimut: Modelle der kolonialen Revolution. Beschreibung und Dokumente. Frankfurt/M. 1967.

Geerdts, Hans Jürgen (Hrsg.): Deutsche Literaturgeschichte in einem Band. Berlin 1971.

Gerlach, Erich / Souchy, Augustin: Die soziale Revolution in Spanien. Kollektivierung der Industrie und Landwirtschaft in Spanien 1936 - 39. Dokumente und Selbstdarstellungen der Arbeiter und Bauern. Berlin 1974.

Gillen, Eckhart: Die Sachlichkeit der Revolutionäre. In: Wem gehört die Welt – Kunst und Gesellschaft in der Weimarer Republik. Berlin 1977.

Glucksmann, André: Köchin und Menschenfresser. Über die Beziehung zwischen Staat, Marxismus und Konzentrationslager. Berlin 1976. (zit.: Glucksmann: Köchin).

Grassi, Ernesto (Hrsg.): Texte des Sozialismus und Anarchismus. Die Rätebewegung. Bd. 2. Hamburg 1972.

Gray, Camilla: Die russische Avantgarde der modernen Kunst. Köln 1963.

Grimm, Reinhold / Hermand, Jost (Hrsg.): Brecht. Jahrbuch 1974. Frankfurt/M. 1975.

Gropius, Walter: Das Totaltheater. In: Piscator, Erwin: Das politische Theater. Hamburg 1963, S. 125 f.

Gross, Babette: Willi Münzenberg. Eine politische Biographie. Stuttgart 1967.

Grosse, Helmut: Die szenische Entwicklung in Beispielen. In: Weimarer Republik. Hrsg. vom Kunstamt Kreuzberg und dem Institut für Theaterwissenschaft der Universität Köln. Berlin und Hamburg 1977, S. 717 ff. (zit.: Grosse: Die szenische Entwicklung).

Haarmann, Hermann / Walach, Dagmar / Baumgarten, Jürgen: Zum Verhältnis von Epischem und Lehrstücktheater. In: alternative 91, S. 183 ff. (zit.: Haarmann: Verhältnis).

Hamann, Richard & Hermand, Jost: Epochen deutscher Kultur von 1870 bis zur Gegenwart. Band 5: Expressionismus. Frankfurt/M. 1977. (zit.: Hermand: Expressionismus).

Haraszti, Mikos: Stücklohn. Vorwort von Heinrich Böll. Berlin 1975.

Hauser, Arnold: Sozialgeschichte der Kunst und Literatur. München 1973. (zit.: Hauser: Sozialgeschichte der Kunst).

Herman-Neiße, Max: Die bürgerliche Literaturgeschichte und das Proletariat. Berlin/Wilmersdorf 1922.

Horn, Peter: Die Wahrheit ist konkret. Bertolt Brechts Maßnahme und die Frage der Parteidisziplin. In: Brecht-Jahrbuch 1978, S. 39 ff.

Ihering, Herbert: Aktuelle Dramaturgie. Berlin 1924.

Ders.: Von Reinhardt bis Brecht. Eine Auswahl der Theaterkritiken 1909 - 1932. Hrsg. von Rudolf Badenhausen. Reinbek bei Hamburg 1967.

Ihlau, Olaf: Die Roten Kämpfer. Ein Beitrag zur Geschichte der Arbeiterbewegung in der Weimarer Republik und im Dritten Reich. Meisenheim am Glan 1969.

Illich, Ivan: Selbstbegrenzung. Eine politische Kritik der Technik. Reinbek bei Hamburg 1975.

Jahrbuch Arbeiterbewegung. Bd. 1: Über Karl Korsch. Hrsg. von Claudio Pozzoli. Frankfurt/M. 1973. (zit.: Jahrbuch 1).

Jung, Franz: Der Torpedokäfer. Unveränderte Neuauflage von: Ders.: Der Weg nach unten. Neuwied und Berlin 1972. (zit.: Jung: Torpedokäfer).

Ders.: Proletarische Erzählkunst. In: Proletarier 1, 1920. Nachgedruckt in: Fähnders/Rector: Literatur, S. 125 ff.

Kaiser, Joachim: Brechts Maßnahme und die linke Angst. In: Neue Rundschau 8479 (1973), S. 96 ff.

Kalinin, F.J.: Gastev's Poesie des Stoßarbeiters. Nachgedruckt in: Lorenz: Kulturrevolution, S. 55.

Karasek, Hellmuth: Brecht ist tot. In: Der Spiegel Nr. 9/1978.

Kautsky, Karl: Die Vorläufer des neueren Sozialismus. Von Plato bis zu den Wiedertäufern. Band I. Stuttgart 1895.

Kersten, Kurt: Strömungen der expressionistischen Periode. Nachgedruckt in: Schmitt: Expressionismusdebatte.

Kindermann, Heinz: Theatergeschichte Europas. Band III: Das Theater der Barockzeit. Salzburg 1959.

Knopf, Jan: Bertolt Brecht und die Naturwissenschaften. In: Brecht-Jahrbuch 1978. Frankfurt/M. 1978. (zit.: Knopf: Naturwissenschaften)

Ders.: Bertolt Brecht. Ein kritischer Forschungsbericht. Fragwürdigkeiten in der Brecht-Forschung. Frankfurt/M. 1974. (zit.: Knopf: Brecht).

Koebner, Thomas: Das Drama der Neuen Sachlichkeit und die Krise des Liberalismus. In: Wolfgang Rothe (Hrsg.): Die deutsche Literatur in der Weimarer Republik. Stuttgart 1974.

Kool, Frits / Oberländer, Erwin (Hrsg.): Arbeiterdemokratie oder Parteidiktatur. 2 Bde. München 1972. (zit.: Kool: Arbeiterdemokratie).

Kool, Frits (Hrsg.): Die Linke gegen die Parteiherrschaft. Dokumente der Weltrevolution. Bd. 3. Freiburg i. Brsg. 1970 (zit.: Kool: Die Linke).

Korsch, Karl: Marxismus und Philosophie. Hrsg. und eingeleitet von Erich Gerlach. Frankfurt/M. 1969. (zit.: Korsch: Marxismus).

Ders.: Schriften zur Sozialisierung. Frankfurt/M. 1969. (zit.: Korsch: Schriften).

Ders. / Paul Mattick / Anton Pannekoek: Zusammenbruchstheorie des Kapitalismus oder revolutionäres Subjekt. Berlin 1973.

Kracauer, Siegfried: Die Angestellten. Frankfurt/M. 1971.

Landauer, Gustav: Revolution. Berlin 1974. Erstausgabe Leipzig 1909.

Lange, Friedrich Albert: Geschichte des Materialismus. 2 Bde. Frankfurt/M. 1974. (zit.: Lange: Materialismus).

Lenin, W.I.: Werke. Hrsg. vom Institut für Marxismus-Leninismus beim ZK der KPdSU, ins Deutsche übertragen nach der vierten russischen Ausgabe. Berlin 1962. (zit.: Lenin: Werke).

Ders.: Über Kultur und Kunst. Berlin 1960.

Lenk, Kurt: Dialektik bei Marx. Erinnerung an den Ursprung der kritischen Gesellschaftstheorie. In: Soziale Welt Nr. 19, 1968, S. 279 - 289.

Lennig, Walter: Gottfried Benn in Selbstzeugnissen und Bilddokumenten. Reinbek bei Hamburg 1962.

Lindner, Burkhardt: Avantgardistische Ideologiezertrümmerung. Theorie und Praxis des Brechtschen Theaters am Beispiel der Faschismusparabeln. In: Klaus M. Bogdal / Lindner, Burkhardt / Plumpe, Gerhard (Hrsg.): Arbeitsfeld: Materialistische Literaturtheorie. Beiträge zu ihrer Gegenstandsbestimmung. Frankfurt/M. 1975. (zit.: Lindner: Ideologiezertrümmerung).

Lorenz, Richard (Hrsg.): Proletarische Kulturrevolution in Rußland 1917 - 1921. München 1965. (zit.: Lorenz: Kulturrevolution).

Lukács, Georg: Geschichte und Klassenbewußtsein. Studien über materialistische Dialektik. Neuwied – Berlin 1970. (zit.: Lukács: Geschichte).

Ders.: Werke. Neuwied und Berlin 1965. Insbesondere: Band 4: Probleme des Realismus I, Essays über Realismus; Band 6: Probleme des Realismus III, Der historische Roman; Band 7: Deutsche Literatur in zwei Jahrhunderten; Band 10: Probleme der Ästhetik; Band 11 und 12: Ästhetik Teil 1, Die Eigenart des Ästhetischen, 1 und 2. Halbband.

Ders.: Es geht um den Realismus. In: Das Wort 6 (1938). Nachgedruckt in: Schmitt: Expressionismusdebatte, S. 194 ff. (zit.: Lukács: Realismus).

Lüthy, Herbert: Vom armen B.B. In: Steinweg: Maßnahme, S. 418 ff.

Lunatscharski, Anatoli: Die Kulturaufgaben der Arbeiterklasse. Berlin/Wilmersdorf 1919.

Müller, Klaus Detlef: Die Funktion der Geschichte im Werk Bertolt Brechts. Studien zum Verständnis von Marxismus und Ästhetik. Tübingen 1967.

Münz-Koenen, Ingeborg: Brecht in westdeutschen Publikationen. In: Weimarer Beiträge. 15. Jahrgang. Nr. 1. Berlin/Weimar 1969, S. 123 ff.

Marx, Karl / Friedrich Engels: Werke. Hrsg. vom Institut für Marxismus-Leninismus beim ZK der SED. Berlin 1969. (zit.: MEW).

Marx / Engels: Studienausgabe in 4 Bänden. Hrsg. von Iring Fetscher. Frankfurt/M. 1966. (zit.: Marx/Engels: Studienausgabe).

Marx/Engels: Ausgewählte Schriften in zwei Bänden. Berlin (16. Aufl.) 1968.

Mattick, Paul: Marxismus und die Unzulänglichkeiten der Arbeiterbewegung. In: Jahrbuch 1, S. 189 ff.

Mayer, Hans: Bertolt Brecht und die Tradition. München 1965.

Melchinger, Siegfried: Geschichte des politischen Theaters. 2 Bde. Frankfurt/M. 1974 (zit.: Melchinger: Politisches Theater).

Mittenzwei, Werner: Die Spur der Brechtschen Lehrstück-Theorie. Gedanken zur neueren Lehrstück-Interpretation. In: Steinweg: Modell, S. 225 ff. (zit.: Mittenzwei: Die Spur).

Ders.: Erprobung einer neuen Methode. Zur ästhetischen Position Bertolt Brechts. In: Positionen. Beiträge zur marxistischen Literaturtheorie. Leipzig 1969, S. 613 ff.

Ders.: Die Brecht-Lukács-Debatte. In: Das Argument. Berliner Hefte für Probleme der Gesellschaft: Brecht / Lukács / Benjamin. Fragen der marxistischen Theorie I. Berlin 10. Jg., Heft 1/2 1968, 3. Aufl. Oktober 1970. (zit.: Mittenzwei: Brecht/Lukács-Debatte).

Moeller, Michael Lukas: Zwei Personen – eine Sekte. In: Kursbuch 55: Sekten. Berlin 1979.

Müller-Lehning, Arthur: Marxismus und Anarchismus in der russischen Revolution. In: Die Internationale (FAUD – Freie Arbeiter-Union Deutschland) 1929/30. Neu aufgelegt Berlin-Neukölln 1969.

Piscator, Erwin: Das politische Theater. Reinbek bei Hamburg 1963. (zit.: Piscator: Theater).

Rasch, Wolfdietrich: Bertolt Brechts marxistische Lehrer. Zum ungedruckten Briefwechsel zwischen Bertolt Brecht und Karl Korsch. In: Merkur 17, 1963, S. 988 - 1003.

Rosenberg, Arthur: Geschichte der Weimarer Republik. Frankfurt/M. 1961. (zit.: Rosenberg: Weimarer Republik).

Rothe, Wolfgang (Hrsg.): Die deutsche Literatur in der Weimarer Republik. Stuttgart 1974.

Rühle, Otto: Brauner und roter Faschismus (1939). In: Ders.: Schriften. Perspektiven einer Revolution in hochindustrialisierten Ländern. Reinbek bei Hamburg 1971.

Seitter, Walter: Michel Foucault – Von der Subversion des Wissens. In: Foucault: Subversion, S. 141 ff. (zit.: Seitter: Foucault).

Seiwert, Franz W.: Das Loch in Rubens Schinken. In: Die Aktion Nr. 10, 1920. Nachgedruckt in: Bohnen/Backes: Seiwert Schriften, S. 16.

Ders.: Volkskunst. In: a bis z. organ der gruppe progressiver künstler. köln februar 1932, S. 85. Nachgedruckt in: Bohnen/Backes: Seiwert Schriften, S. 85.

Ders.: Aufbau der proletarischen Kultur. In: Die Aktion, X. Jg. Heft 51/52, Dezember 1920, Spalte 719 ff. Nachgedruckt in: Bohnen/Backes: Seiwert Schriften, S. 19 ff.

Serge, Victor: Erinnerungen eines Revolutionärs 1901 - 1941. Vorwort von Erich Wollenberg. Wiener Neustadt 1974. (zit.: Serge: Erinnerungen).

Stalin, Josef: Probleme des Sozialismus in der UdSSR. 6. Aufl. Berlin 1955.

Steinweg, Reiner: Das Lehrstück. Brechts Theorie einer politisch-ästhetischen Erziehung. Stuttgart. 2. verb. Auflage 1976.

Ders.: Brechts Modell der Lehrstücke. Zeugnisse, Diskussionen, Erfahrungen. Frankfurt/M. 1976. (zit.: Steinweg: Modell).

Ders.: Bertolt Brecht: Die Maßnahme. Kritische Ausgabe mit einer Spielanleitung. 2. korr. Aufl. 1976. (zit.: Steinweg: Maßnahme).

Ders.: Auf Anregung Bertolt Brechts. Lehrstücke mit Schülern, Arbeitern, Theaterleuten. Frankfurt/M. 1978. (zit.: Steinweg: Anregung).

Ders.: Brechts „Die Maßnahme". Übungstext, nicht Tragödie. In: alternative 78/79, S. 133 ff.

Ders.: Das Lehrstück, ein Modell des sozialistischen Theaters. Brechts Lehrstücktheorie. In: alternative 78/79, S. 102 ff. (zit.: Steinweg: Ein Modell).

Scheper, Dirk: Theater zwischen Utopie und Wirklichkeit. In: Tendenzen der Zwanziger Jahre. 15. Europäische Kunstausstellung Berlin 1977, S. 1/192 ff.

Scherer, René: Das dressierte Kind. Berlin 1975.

Schiller, Friedrich: Die Braut von Messina. Vorrede über den Gebrauch des Chors in der Tragödie. In: Ders.: Werke in 5 Bänden, Berlin und Weimar 1969, Bd. 5, S. 285 ff.

Schmitt, Hans-Jürgen (Hrsg.): Die Expressionismusdebatte. Frankfurt/M. 1973. (zit.: Schmitt: Expressionismusdebatte).

Ders. / Schramm, G. (Hrsg.): Sozialistische Realismuskonzeptionen. Dokumente zum I. Allunionskongreß der Sowjetschriftsteller. Frankfurt/M. 1974. (zit.: Schmitt: Dokumente).

Schönstedt, Walter: Kämpfende Jugend. Roman der arbeitenden Jugend. Berlin 1932. Reprint o.O. 1971.

Schröder, Karl / Wagner, Helmut: Thesen über den Bolschewismus. In: Rätekorrespondenz Nr. 3(1934). Nachgedruckt als Reprint. Berlin o.J.

Schumacher, Ernst: Form und Einfühlung. In: Materialien zu Galilei, S. 153 ff.

Schwerte, Hans: Anfang des expressionistischen Dramas: Oskar Kokoschka. In: Zeitschrift für deutsche Philologie, Bd. 83, Heft 2, Berlin 1964.

Tendenzen der Zwanziger Jahre. 15. Europäische Kunstausstellung. Berlin 1977.

Toller, Ernst: Eine Jugend in Deutschland. Reinbek bei Hamburg (2. Aufl.) 1978.

Tucholsky, Kurt: Die Rolle des Intellektuellen in der Partei. In: Ders.: Politische Texte. Reinbek bei Hamburg 1971.

Unter dem Pflaster liegt der Strand. Hrsg. von H.P. Duerr. 7 Bde. Berlin 1974 - 1977. (zit.: Duerr: Unter dem Pflaster).

Viesel, Hans Jörg: Ist mit dem Staat noch Staat zu machen? In: Unter dem Pflaster. Bd. 2. Berlin 1975.

Vogel, Angela: Der deutsche Anarcho-Syndikalismus. Genese und Theorie einer vergessenen Bewegung. Berlin 1977.

Volin, Boris (M. Eichenbaum): Die unbekannte Revolution. Deutsche Erstveröffentlichung in 3 Bänden. Hamburg 1975. (zit.: Unbekannte Revolution).

Völker, Klaus: Brecht-Chronik. Daten zu Leben und Werk. Zusammengestellt von dems. Zweite und um ein Register erweiterte Auflage. München 1971. (zit.: Brecht-Chronik).

Ders.: Bertolt Brecht. Eine Biographie. München 1978. (zit.: Völker: Brecht).

Walden, Herwarth: Vulgärexpressionismus. In: Das Wort 2 (1938). Nachgedruckt in: Schmitt: Expressionismusdebatte, S. 78.

Weimarer Republik. Hrsg. v. Kunstamt Kreuzberg, Berlin und dem Institut für Theaterwissenschaft der Universität Köln. 3. verb. Aufl. Berlin und Hamburg 1977. (zit.: Weimarer Republik).

Wem gehört die Welt – Kunst und Gesellschaft in der Weimarer Republik. Berlin 1977. (zit.: Weimarer Republik).

Willett, John: Das Theater Bertolt Brechts. Eine Betrachtung. Reinbek bei Hamburg 1964.

Willms, Bernard: Die politischen Ideen von Hobbes bis Ho Tschi Minh. Stuttgart (2. Aufl.) 1972.

Zdanov, Andrej: Die Sowjetliteratur, die ideenreichste und fortschrittlichste Literatur der Welt. Nachgedruckt in: Schmitt: Dokumente, S. 43 ff.

Fernando Arrabal

Kloaken der Macht

Brief an General Franco
Brief an die spanischen Kommunisten

Karin Kramer Verlag
Berlin

Fritz Brupbacher

Hector Zoccoli
Die Anarchie und die Anarchisten
Über Malatesta, Bakunin, Kropotkin, Stirner, Proudhon, Tucker, Grave.
624 Seiten/ 26,50 DM/ ISBN 3-87956-056-0

Zoccolis Buch ist neben den Arbeiten Max Nettlaus zur Geschichte des Anarchismus, seiner Theorie und Praxis eine der umfassendsten Einführungen. In der präzisen Darstellung verschiedener Theorien und deren Vertreter verweist Zoccoli oft auf Quellenmaterial, das bisher nicht zugänglich war.

Gustav Landauer
Revolution
Einleitung Harry Pross
Nachwort Erich Mühsam
140 Seiten/ 8,50 DM/ ISBN 3-87956-047-1

"Die Revolution bezieht sich auf das g e s a m t e Mitleben der Menschen. Also nicht bloß auf den Staat, die Ständeordnung, das Wirtschaftsleben... Die Aufgabe ist: Die Erscheinung der Revolution vom Standorte der sozialen Psychologie zu betrachten. Und nun finden wir: die Sozialpsychologie ist selber nichts anderes als die Revolution." (Landauer)
Harry Pross schreibt in seiner Einleitung u.a.: "Landauers Sozialismus war eine intellektuelle Bewegung für alle, nicht nur für eine durch die Vorsehung dazu ausersehene Klasse, und eine Bewegung außerhalb des Staates und gegen ihn."

Fritz Brupbacher
Marx und Bakunin — Ein Betrag zur Geschichte der Internationalen Arbeiterassoziation
Einleitung Karl Lang
227 Seiten/ 12,80 DM/ ISBN 3-87956-006-4

Die Geschichte der internationalen Arbeiterbewegung kennt unzählige Organisationsversuche, deren Hauptzielrichtungen, je nach den politischen Vorstellungen, unterschiedlich in den Kampfmitteln waren. Die Arbeit von Fritz Brupbacher "Marx und Bakunin" stellt eine der umfassendsten Untersuchungen über die I. Internationale Arbeiter-Assoziation dar. Brupbacher zeichnet das Bild der beiden großen Kontrahenten dieser Internationale — Marx und Bakunin, wobei ein großer Teil der Diskussion sich mit dem Problem des autoritären (Partei-)Kommunismus und des antiautäritaren Kommunismus (Selbstorganisation - Räte) beschäftigt.

Für das Studium der internationalen Arbeiterbewegung, für das Verstehen der Gegensätze Marxismus - Anarchismus ist das Buch von Brupbacher unentbehrlich.

Fritz Brupbacher
Hingabe an die Wahrheit
Texte zur politischen Soziologie, Individualpsychologie, Spießertum und Proletariat.
Einleitung Karl Lang
ca. 160 S./ ca. 12,80 DM/ ISBN 3-87956-101-x

Aus dem Inhalt:
Gegenseitige Hilfe
Der sich hingebende Revolutionär
Der Verwaltungspolitiker
Der Freiheitspolitiker
Die Politikanten
Der proletarische Politikant
Der kleine Stellenjäger
Der Intrigant
Der große Zyniker
Der Marxist
Der Mann mit dem höheren Blödsinn
Anarchismus
Anarchosyndikalismus
Feinde des Anarchosyndikalismus
Das regt die Politikanten auf
Soll „ich" politisieren?
Wird auch das anarchistische Proletariat die Gerechtigkeit verraten?
Die Russische Revolution zu Lenins Zeiten
Anfänge der Verwirklichung der „Philosophie" in der Sowjetunion
Abkehr
Abbau der Revolution in Rußland unter dem Druck des bolschewistischen Spießbürgers
Die Ermordung der Revolutionäre
Seelendiätetische Verwendung der Musik
Kultur des Willens zur Macht
Placierung der Ressentiments in der Politik
Gesellligkeit
Kreise, Vereine, Gesellschaften der Jugend
Gesellligkeit der Ausgewachsenen
Bemerkungen über die Technik der Gesellligkeit

Uli Bohnen

Das Gesetz der Welt ist die Änderung der Welt

Die rheinische Gruppe progressiver Künstler (1918-1933)
269 S./ 25,- DM/ ISBN 3-87956-077-3
Mit zahlreichen Schwarzweiß-Abbildungen und mehrfarbigen Tafeln

„Vom Regionalismus zum Internationalismus" — so lautete einer der Leitsätze für die künstlerische und sozialrevolutionäre Arbeit der rheinischen Gruppe progressiver Künstler. Die gegenständlich-konstruktive Gestaltungsform, die für F. W. Seiwert, H. Hoerle, G. Arntz, H. Schmitz und A. Tschinkel charakteristisch ist, entstand nicht nur in Korrespondenz mit Mondrian und Malewitsch, Van Doesburg und El Lissitzky, der ungarischen Gruppe MA und Künstlern des Bauhauses, sondern auch aus einer regionalen Tradition, deren Vor-Bilder bis hin zur Kölner Malschule des 14. bis 16. Jahrhunderts zurückreichen.

Im Politischen war es der Föderalismus, der allen nationalistischen und zentralistischen Ansprüchen entgegengehalten wurde und dazu beitrug, dieser Gruppe engagierter Künstler ein charakteristisches Gepräge zu geben, das — bei aller persönlichen Tragik, der die Künstler und ihre Arbeit ausgesetzt waren, ihre Aktualität und Unkorrumpierbarkeit gegenüber Bolschewismus und Kapitalismus noch heute offenbar werden läßt. Dies gilt für die Form nicht minder als für den Inhalt.

Karl Liebknecht,
von F. W. Seiwert, aus: Mappe „Lebendige", 1919

Uli Bohnen & Dirk Backes

Der Schritt, der einmal getan wurde,wird nicht zurück-genommen

Franz W. Seiwert - Schriften
250 S./ 30,-DM/ DIN A 4 Format/ ISBN 3-87956-094-3

Franz W. Seiwert (1894-1933), in der kunsthistorischen wie sozialgeschichtlichen Forschung seit Ende der 60er Jahre allmählich zunehmend beachtet, bildete den künstlerischen, theoretischen wie auch revolutionär-praktischen Kristallisationspunkt der rheinischen „Gruppe progressiver Künstler", über die wir 1976 eine erste umfassende Darstellung herausgaben. Die — mit Abweichungen — konstruktivistische Eigenart ihrer künstlerischen Arbeit, die undogmatische, gleichwohl konzentrierte weltanschauliche Fundierung der Gruppe auf freiheitlichen Sozialismus ließ sie lange über das Ende des 2. Weltkrieges hinaus unbeachtet bleiben: sie war nicht in den ästhetischen Kategorien faßbar, die eine gegen den Willen ihrer Mehrheit vom Hitlerjoch befreite Gesellschaft zu ihrer Um- oder Entfärbung benötigte. So blieb der sozialrevolutionäre Wesenszug der „Progressiven" für etwa 25 Jahre der Schleppenträger einer — überdies spröden — Kunstbraut.
Mit zahlreichen Abbildungen, unveröffentlichten Briefen, Texten und Grafiken

Rosa Luxemburg,
von Anton Readerscheidt, aus: Mappe „Lebendige", 1919